Werner Preißer

Mein erstes Terrarium zu Hause

Inhaltsverzeichnis

Warum ein Terrarium?

Ein jeder ist mit Sicherheit von der Artenvielfalt der Reptilien und Insekten begeistert. Besonders beeindrucken die Gifttiere und die Giganten unter ihnen – wie Anakonda, Nilkrokodil oder Komodowaran.
Sich diese Welt der lebenden Minidrachen und kleinen Dinosaurier nach Hause zu holen, ist wohl der Wunsch vieler. Schnell wird dann ein Behältnis angeschafft und die Tiere gekauft. Leider werden gerade am Anfang immer wieder die gleichen Fehler gemacht und schon nach kurzer Zeit kommt es zu ersten Problemen.
Dieses Buch soll als Leitfaden zur Auswahl der geeigneten Tiere sowie zur Einrichtung und Pflege des ersten Terrariums dienen.

Ein Terrarium einzurichten sowie zu pflegen ist keine große Kunst und kann durchaus von Kindern und Jugendlichen mit elterlicher Hilfe gut ausgeführt werden. Die Terrarienbewohner zu beobachten, ist sehr interessant – es vergeht wohl kaum ein Tag, an dem man nicht etwas Neues oder eine neue Verhaltensweise seiner Pfleglinge beobachten kann.

Künstlicher Lebensraum für Dickfingergeckos (Pachydactylus bibronii) als Schmuckstück in Wohnräumen

Bereits nach kurzer Zeit können Jugendliche verantwortungsbewusst und sicher mit Terrarientieren umgehen.

In besonderer Weise sind Kinder und Jugendliche von den Reptilien und Insekten begeistert. Auch wenn für viele Kinder ein Terrarium mit beispielsweise Stabheuschrecken gut geeignet ist, so muss immer bedacht werden, dass diese Tiere keine Streicheltiere wie Meerschweinchen, Hase und Hamster sind. Es spricht aber nichts dagegen, das Tier – sofern es bei der jeweiligen Art möglich ist – gelegentlich auf die Hand zu nehmen.

» **Es ist immer wieder interessant, seine Tiere in einem artgerecht eingerichteten Terrarium zu suchen und zu finden.**

Kopfüber jagende Geckos, Wandelnde Blätter, die sich im nicht vorhandenen Winde wiegen, oder Schlangen, die sich majestätisch über einen Ast bewegen, sind schon sehr toll zu beobachten. Auf alle Fälle ist die Pflege nicht schwer, wenn man einige wichtige Tipps befolgt, die hier gegeben werden. Die meisten Tiere gewöhnen sich sehr schnell ein und kommen dann sogar bei Reinigungsarbeiten auf die Hand.

Der Sohn des Autors » mit einer seiner Lieblingsschlangen, einer Kornnatter (*Pantherophis guttatus*). Unter Aufsicht können auch Kinder Terrarientiere hautnah erleben.

DIE ERSTEN FRAGEN

Ist, nach reiflicher Überlegung, erst einmal der Entschluss gefasst, ein Terrarium einzurichten und eine Tierart zu pflegen, tut sich eine Fülle von Fragen auf:

- **Woher bekomme ich die Tiere?**
- **Welches Tier passt zu mir?**
- **Wie und wo leben die Tiere?**
- **Welche Pflegeansprüche haben sie?**
- **Wie groß und wie alt werden sie?**
- **Wie und wovon ernähren sie sich?**
- **Wie richte ich ein artgerechtes Terrarium ein?**
- **Können die Tiere krank werden?**
- **Was brauche ich?**

In der jahrmillionenlangen Entwicklung der Reptilien, Amphibien und Wirbellosen hat eine Anpassung an die unterschiedlichsten Lebensräume stattgefunden. Um eine Tierart im Terrarium artgerecht zu pflegen und gesund zu erhalten, muss man sich über Herkunft, Klima und Ernährung genau informieren. Nur so kann ein Terrarium artgerecht eingerichtet werden, das als Lebensraum der Tiere für viele Jahre dienen soll.

So ist vorher natürlich genau zu überlegen, welches Tier wir pflegen möchten und wohin wir ein Terrarium stellen können. In Hinblick darauf sollte eine Steckdose in unmittelbarer Nähe vorhanden sein, um die technischen Geräte zu betreiben. Da zum Einzug des Tiers bereits alles fertig vorbereitet sein muss, ist der erste Schritt die Anschaffung des Terrariums sowie der technischen Geräte und notwendigen Hilfsmittel. Dann erst kann man an die Gestaltung des Terrariums gehen.

Welches Terrarium passt?

Das richtige Terrarium zu finden, ist oftmals gar nicht so leicht, wird doch eine Vielzahl unterschiedlichster Bauformen angeboten.

» **Glasterrarien aus dem Handel eigen sich gut, hier als Beispiel eine Deltaform.**

Verschiedene Terrarientypen wie Panorama, Delta und auch komplette Sets sind erhältlich. Um aus diesem Angebot an Terrarien das Richtige auszuwählen, muss man wissen, welche Ansprüche das Tier an sein Terrarium stellt.

Ist eine Entscheidung getroffen, dann kann ein Flachterrarium, Hochterrarium oder Standardterrarium im Handel erworben werden. Als Baumaterial für die meisten im Zoofachgeschäft verkauften Terrarien dient Glas.

Von einigen Herstellern werden inzwischen sogar Behältnisse aus unterschiedlichen Materialien wie Holz oder Kunststoff angeboten.

Holzterrarien sehen mit Sicherheit sehr dekorativ aus. Sie sind natürlich nicht für alle Tiere gleich gut geeignet. Wenn viel im Terrarium gesprüht werden muss, hält Holz meist nicht lange. Terrarieneinsteigersets – die im Handel erhältlich sind – beinhalten fast alles, was zum Betrieb eines ersten Terrariums erforderlich ist.

Bevor man aber zu einem solchen Angebot greift, ist zu prüfen, ob dieses auch für die gewählte Tierart brauchbar ist.

GUT ZU WISSEN

- Sind die gewünschten Tiere Baum- oder Bodenbewohner?
- Wie groß werden die Tiere, wie groß muss das Terrarium sein?
- Ist Platz für ein Terrarium dieser Größe in der Wohnung?
- Ein Standort am Südfenster ist meist wegen der Gefahr einer Überhitzung nicht geeignet.
- Bei größeren Terrarien ist auch das Gewicht zu beachten, vor allem wenn Sand als Bodengrund dient.
- Glasterrarien sind leicht zu reinigen und sehen dekorativ aus.
- Der Zoofachhandel bietet unter anderem Sets an, welche das Zubehör für einige Arten bereits enthalten.

» **Dieser Königspython (*Python regius*) tankt Wärme auf einem durch Sonneneinstrahlung erwärmten Stein.**

Technik und Einrichtung

Warum eine Heizung?

Alle Reptilien sind wechselwarm, dies bedeutet, dass ein Großteil ihrer Körperfunktion von der Umgebungstemperatur abhängt. Auch einige der Insekten und Spinnen benötigen eine höhere Temperatur als bei uns in den Wohnräumen herrscht. Um den Tieren die Wohlfühltemperatur bieten zu können, ist es notwendig, eine Heizquelle im Terrarium zu installieren. Im Handel sind hierzu die unterschiedlichsten technischen Geräte zu erwerben, die mehr oder weniger brauchbar sind. Zur Temperaturkontrolle wird immer ein Thermometer im Terrarium installiert. Auch Aquarienthermometer sind hierzu gut zu verwenden.

Wärmelampen und Strahler

Gut geeignet für alle dämmerungs- und nachtaktiven Tiere sind Dunkelstrahler, da sie kein Licht abgeben.

» Spotglühbirnen eignen sich gut für Wärmeinseln.

Tagaktive Tiere sind meist Sonnenanbeter, für sie werden Spotglühbirnen installiert, die auch mit UV-Lichtanteil erhältlich sind. Jede Strahlungswärmequelle, die sich im Terrarium befindet, muss mit einem Schutzkorb gesichert werden, um zu verhindern, dass sich die Tiere daran verbrennen. Hierzu verwendet man am besten bereits vorgefertigte Drahtgitterkörbe. Wenn Heizstrahler oder Heizlampen eingesetzt werden, steuert man diese immer über ein Thermostat, um einem Überhitzen des Terrariums vorzubeugen. In dem begrenzten Lebensraum können unsere Pfleglinge ja der Wärme nicht ausweichen und sie würden des Hitzetods sterben, sollte es zu einer Überschreitung der maximal verträglichen Temperatur kommen. Thermostate sind meist steckerfertig und müssen nur noch zwischen Steckdose und Wärmelampe eingebaut werden.

» Die Leistung der Heizmatte der Terrariengröße anpassen. Die Heizmatte wird idealerweise in einem Eck montiert.

Bodenheizung

Zur Beheizung des Bodens eignen sich Heizkabel, Heizmatten und heiße Steine. Heizkabel, welche in Schlingen im oder außerhalb des Terrariums verlegt werden, eignen sich besonders dazu, nur einen bestimmten Bereich oder auch mehrere nebeneinanderstehende Terrarien mit Wärme zu versorgen. Sie sind in unterschiedlichen Längen und Wattstärken zu bekommen. Allerdings werden sie von vielen Schlangen und Echsen ständig ausgegraben. Heizmatten, die entweder im Terrarium auf der Bodenplatte mit Silikon fixiert werden oder selbstklebende Heizmatten, die man unter das Terrarium klebt, lassen sich für diese Tierarten sehr gut einsetzen. Für einige Arten – wie bodenbewohnende Vogelspinnen – eignet sich keine Bodenheizung oder nur eine sehr schwache, die nur ein kleines Stück der Grundfläche einnimmt. Man kann für diese Tiere die Heizmatte auch an der Rückwand anbringen.

Es gibt auch sogenannte heiße Steine, mit denen ein Terrarium für Echsen beheizt werden kann. Allerdings ist hier die Oberflächentemperatur vor Inbetriebnahme zu überprüfen.

RICHTIG HEIZEN

- Nie die gesamte Bodenfläche beheizen
- Heizlampen und Strahler mit einem Schutzgitter versehen
- Thermostat und Thermometer verwenden
- Für meine Tierart die richtige Bodenheizung auswählen

Viele Bewohner des Regenwaldes, wie diese Gartenboas (*Corallus enydris cooki*), benötigen zu ihrem Wohlbefinden höhere Luftfeuchtigkeitswerte als bei uns in den Wohnräumen herrschen.

Was ist mit der Luftfeuchte?

Unsere Terrarientiere bewohnen die unterschiedlichsten Biotope, vom Regenwald über Savannen bis hin zu Halbwüsten und Wüsten. Daher ist es unsere Aufgabe, das Mikroklima auch in Form der relativen Luftfeuchte im Terrarium der Tierart entsprechend einzustellen. Denn sonst kann es sehr schnell zu gesundheitlichen Beeinträchtigungen kommen. Die Luftfeuchtigkeit wird mittels eines Hygrometers kontrolliert.

Ultraschallvernebler, wie sie auch aus Zimmerbrunnen bekannt sind, eignen sich sehr gut um die Luftfeuchtigkeitswerte im Terrarium zu erhöhen.

Welche Geräte sind geeignet?

Hierzu gibt es eine Menge nützlicher Hilfsgeräte. Ein Ultraschallvernebler kann zum Beispiel in die Wasserschale eingebaut werden und wird dann über eine Zeitschaltuhr mehrmals täglich für kurze Zeit in Betrieb gesetzt. Dies sieht nicht nur sehr dekorativ aus, sondern erhöht auch die Luftfeuchtigkeit. Eine weitere gute Möglichkeit ist es, eine Beregnungsanlage oder einen Wasserfall im Terrarium zu installieren.

Ein solcher eignet sich aber überwiegend für Terrarienbewohner, die eine höhere Luftfeuchtigkeit wünschen. Wer sich nicht so viele technische Geräte anschaffen möchte, der greift zur altbewährten Blumenspritze, mit der sich das Terrarium ein- oder zweimal am Tage leicht übersprühen lässt. Gerade bei dieser Methode und der Beregungsanlage muss darauf geachtet werden, dass man keine Sumpflandschaft aus dem Terrarium macht.
Es darf sich keine Staunässe oder schlechte und stickige Luft im Terrarium bilden können. Gerade Vogelspinnen und Insekten reagieren sehr empfindlich darauf.

DARAUF MUSS ICH UNBEDINGT ACHTEN

- Auf die benötigte Luftfeuchte der Terrarienbewohner achten
- Das richtige Gerät auswählen
- Aus dem Terrarium keine Sumpflandschaft machen
- Luftfeuchte mittels eines Hygrometers kontrollieren.
- Nur angewärmtes Wasser versprühen

Wie hell soll es sein?

Tagaktive, dämmerungsaktive und nachtaktive Tiere stellen verschiedene Anforderungen an die Beleuchtung ihres Terrariums. Daher ist es wichtig zu wissen, wann die Aktivitätszeit der Tiere ist.

Für alle Arten von Terrarientieren gibt es die richtigen Leuchtmittel im Handel.

Viele Reptilien – wie die meisten Echsen – benötigen zur Bildung von Vitamin D3 (das wird zum Knochenaufbau benötigt) eine Lichtquelle mit UV-Anteil (Ultra-Violett-Lichtanteil).

Als Leuchtmittel eignen sich vor allem Leuchtstoffröhren in den unterschiedlichen Längen und Leistungen, die auch mit einem UV-Anteil erhältlich sind. Echsen können Wärme nur in Verbindung mit Licht wahrnehmen, daher sollte die Wärmequelle gleich der Lichtquelle sein. Hierzu gibt es Strahlerglühbirnen in unterschiedlichen Wattstärken, sodass für jedes Terrarium die ideale Leistung ausgewählt werden kann. Um die benötigTe UV-Beleuchtung für Echsen sicherzustellen, ist es oft erforderlich, beide Beleuchtungsarten pararell zu montieren.

Sonnenanbeter, wie diese Bartagamen (*Pogona vitticeps*), benötigen zu ihren Wohlbefinden sehr viel Licht mit UV-Anteil.

Hat man nun die geeigneten Leuchtmittel für seine Tiere ausgewählt, so stellt sich noch die Frage, wie diese im Terrarium zu betreiben sind?
Für alle Wärmestrahler und Glühbirnen sind Keramikfassungen, die bereits mit Stecker und Kabel versehen sind, erhältlich. Solche müssen dann nur noch im Terrarium angebracht werden (Schutzkorb verwenden).
Leuchtstoffröhren lassen sich in entsprechenden Leuchten betreiben, die entweder im Terrarium montiert oder wie eine Aquarienleuchte auf das Terrarium aufgelegt werden. Wird eine Leuchtstofflampe im Terrarium installiert, so darf sich kein Tier zwischen Lampe und Leuchtmittel zwängen können. Leicht lässt sich die Beleuchtung mittels einer Zeitschaltuhr steuern.

Wenn das Insektenterrarium genügend Tageslicht erhält, kann auf eine künstliche Beleuchtung verzichtet werden.

LICHT UND WÄRME

- Tagaktive Echsen benötigen UV-Licht
- UV-Lichtquelle immer direkt im Terrarium anbringen, da Glas den UV-Anteil ausfiltert.
- Echsen nehmen Wärme in Verbindung mit Licht wahr
- Für Schlangen und Insekten genügen Leuchtstofflampen ohne UV-Anteil
- Die Beleuchtung sollte am Tag zwölf Stunden in Betrieb sein

Welchen Bodengrund nehmen?

Viele der von uns gepflegten Tiere sind Bodenbewohner. Dem Bodengrund muss daher besondere Aufmerksamkeit geschenkt werden. Er sollte auf die Tierart genau abgestimmt sein. So vermeidet man, dass sich die Tiere daran verletzen oder ihrem natürlichen Verhalten nicht nachkommen können.

Für viele Insekten, wie für diese Farnschrecken (*Oreophoetes peruana*) aus Peru, ist die Beschaffenheit des Bodengrundes zweitrangig.

Fertig eingerichtetes Terrarium mit feinem Sand, der sich für viele im Boden grabende Echsenarten eignet.

Sand
Für die in diesem Buch vorgestellten Echsen, die aus Trockengebieten stammen, wird am zweckmäßigsten feiner bis mittlerer Sand verwendet, wobei ein Teil des Bodengrunds mit etwas gröberem Kies eingerichtet werden kann. Bei Quarzsand als Bodengrund kann es zu Verletzungen der Tiere kommen, da dieser sehr scharfkantig ist. Gut eignen sich hier die unterschiedlichen Sandsorten, die speziell für die Terraristik erhältlich sind. Feiner Fluss- oder Aquarienkies kann auch Verwendung finden, da dieser keine scharfen Kanten und Bruchstellen hat.

» **Ausschnitt aus einem Terrarium für Dornschrecken. Im Hintergrund ist die Eiablageschale zu erkennen. Vorne eine kleine Wasserschale aus der die Tiere ab und an trinken.**

Erde
Spinnentiere und Insekten lassen sich gut auf einem Bodengrund aus Kokosfasererde (Pressziegel) pflegen. Dieser hält die Feuchtigkeit sehr gut und ist lediglich vor der Verwendung in etwas Wasser einzuweichen. Ausgedrückt ergibt ein solcher Pressziegel dann circa 6 l fertiges Substrat. Aber auch ungedüngte Blumenerde ist ein brauchbarer Bodengrund. Mischt man eine der beiden Erdsorten mit feinem, nicht scharfkantigem Sand, so erhält man ein Bodensubstrat, das sich für die meisten Insekten hervorragend eignet. Torfmull findet für solche Insekten als Bodengrund Verwendung, die ihre Eier in den Boden stechen.

» **Blick in ein Terrarium für Pueblo Milchnattern (*Lampropeltis triangulum campelli*) mit Pinienborke als Bodengrund**

Buchenspäne und Pinienborke
Schlangen fühlen sich auf dem unterschiedlichsten Untergrund wohl, wobei Pinienborke und Buchenspänen der Vorzug zu geben ist. Buchenspäne sind ein Naturprodukt aus reinem Buchenholz, das sehr dekorativ aussieht. Wird allerdings regelmäßig gesprüht, dann neigt es schnell dazu, grau zu werden oder zu schimmeln. Pinienborke ist da besser geeignet und lässt sich auch bedenkenlos in Feucht- und Regenwaldterrarien einsetzen. Bitte Pinienborke nicht durch Rindenmulch ersetzen, da dieser schimmelt und Ungeziefer enthält. Beide Sorten sind in unterschiedlichen Körnungen erhältlich. Eine zu feine Körnung des Bodengrunds ist für Schlangen nicht ideal, da Teile davon beim Fressen mitverschluckt werden können.

Bodenaufbau
Wenn unser Wunschtier auch im Bodengrund wühlt oder gräbt, so sollte dieser mindestens eine Höhe von 10-15 cm haben, ansonsten reichen 5-7 cm aus. Für die Haltung vieler Arten kann mit gutem Erfolg auch eine Kombination aus zwei oder drei unterschiedlichen Substraten verwendet werden. Bei der Terrarieneinrichtung ist immer auf die Bedürfnisse der einzelnen Tiere zu achten. Aufbauten dürfen die Tiere nicht untergraben können, da sonst die Gefahr besteht, dass die Aufbauten einstürzen.

Diese Kornnatter (Pantherophis guttatus) fühlt sich in ihrem Terrarium sichtlich wohl.

BODENGRUND

- Die Tipps zum Bodengrund bei der Tiervorstellung beachten.
- In Feuchtterrarien nur einen Bodengrund verwenden, der nicht schimmelt (z.B. Pinie).
- Keinen scharfkantigen Kies oder Sand verwenden.
- Für grabende Tiere eine höhere Schicht einbringen.
- Schwere Einrichtungsgegenstände direkt auf den Terrarienboden stellen und nicht auf die Substratschicht.

Dekoration

Hier ist vor allem die persönliche Vorstellung jedes Einzelnen gefragt und ein jeder wird sein Terrarium anders gestalten. Wichtig ist nur, dass die für die Tiere wichtigen Faktoren wie Klettermöglichkeiten, Verstecke, Klima und Geborgenheit eingehalten werden. Hierzu gibt es natürlich eine Vielzahl von Möglichkeiten. Einige möchte ich hier vorstellen, aber der Fantasie sind keine Grenzen gesetzt, solange es zum Wohl der Tiere ist.

Rückwand bemalen oder bekleben

Die Tiere fühlen sich merklich wohler, wenn eine nicht transparente Rückwand vorhanden ist. Zur Rückwandgestaltung gibt es viele Möglichkeiten. Mit Abtönfarben lassen sich Glasscheiben von außen sehr schön bemalen, dies ist besonders für Insekten, Spinnen und Schlangen eine gute Methode, die hintere oder auch die seitlichen Scheiben zu verschönern. Auch die im Handel erhältlichen Fototapeten sind leicht von außen an die Glasscheibe zu kleben. Hierzu ist ein spezieller Kleber erhältlich oder man fixiert sie mit Klebefilm.

Für Jungtiere, wie diesen kleinen Großkopfgecko (*Paroedura pictus*) genügt eine Bodenschicht von 2-3 cm.

Glasterrarium für Landeinsiedlerkrebse, von außen mit Abtönfarben von Kindern dekorativ bemalt

Strukturrückwand

Wer kletternde Echsen wie Dickfingergeckos halten möchte, kann eine Rückwand ins Terrarium einbauen. Es gibt im Zoohandel bereits auf die Standardmaße gefertigte Rückwände aus geschäumtem Material oder aus Epoxydharz. Diese werden nur noch mit Silikon an die hintere Glasscheibe geklebt.

Sehr schöne Felslandschaften lassen sich bauen, indem man Baustyropor mit Silikon an die Rückwand klebt. Das Ganze wird dann mit einem Heißluftfön oder einem Lötkolben strukturiert. Wird dann die Rückwand noch mit einer dünnen Schicht Fliesenkleber überzogen, so bekommt man eine sehr natürlich wirkende Felswand, die mit Lack auf Wasserbasis farblich gestaltet werden kann.

Kork und Ähnliches

Auch Korkplatten oder Kokosfasermatten sind eine Möglichkeit, die Rückwand für die Tiere begehbar zu machen. Solche Platten oder Matten kann man im Zoohandel oder im gut sortierten Baumarkt kaufen. Sie lassen sich problemlos zuschneiden und mit Silikon an die Glasscheiben kleben. Meist halten diese aber nicht allzu lange und müssen alle paar Jahre erneuert werden.

Insektarium mit Korkrückwand. Insektarium = Terrarium für Insekten

Natürlich wirkende Styroporrückwand. Diese ist leicht selbst zu fertigen, kostengünstig und eignet sich besonders für kleinere Geckoarten.

Dekorationsmaterialien

Unterschlupf

Zum Wohlbefinden benötigen unsere Pfleglinge einen Unterschlupf, um sich verstecken zu können. Dieser sollte so groß beziehungsweise klein sein, dass die Tiere Körperkontakt zu den Seitenwänden haben. Um Streitigkeiten aus dem Weg zu gehen, muss für jedes Tier eine eigene Unterschlupfmöglichkeit vorhanden sein. Der Fachhandel hält hierzu ein breites Angebot bereit – wie Korkrinden und fertige Schlupfhöhlen in Steinoptik. Umgedrehte Blumentöpfe erfüllen genauso ihren Zweck, wenn ein Einschlupfloch in Tiergröße eingeschnitten wird.

Trinkgefäß

Für Wüsten- oder Trockenterrarien genügt eine kleine Wasserschale. Feucht- und Regenwaldterrarien werden mit einer größeren Wasserschale ausgestattet, in der die Tiere auch mal baden können. Hier lassen sich auch gut glasierte Pflanzschalen (aus dem Gartenmarkt), neben fertigen Gefäßen (aus dem Zoohandel) verwenden.

Steine, Äste, Pflanzen

Als Dekorationsmaterialien eignen sich Steine überwiegend für Trockenterrarien und Wurzeln für Regenwaldterrarien. Wenn Äste selbst gesucht werden, so sind sie am besten von Obst- oder Nussbäumen. Ungeziefer darf sich nicht unter der Rinde oder im Holz befinden! Am besten legen Sie die Zweige für 30 Minuten bei 80-90°C in den Backofen um die Parasiten abzutöten. Steine werden immer gründlich gesäubert, bevor man sie ins Terrarium gibt. Lebende Pflanzen lassen sich ins Terrarium einsetzen; sie bedürfen allerdings auch der Pflege. Auf eine eventuelle Giftigkeit der Pflanzen ist zu achten, wenn Grünfutter von den Tieren gefressen wird. Wesentlich pflegeleichter ist die Gestaltung des Terrariums mit unterschiedlichen Pflanzen aus Kunststoff.

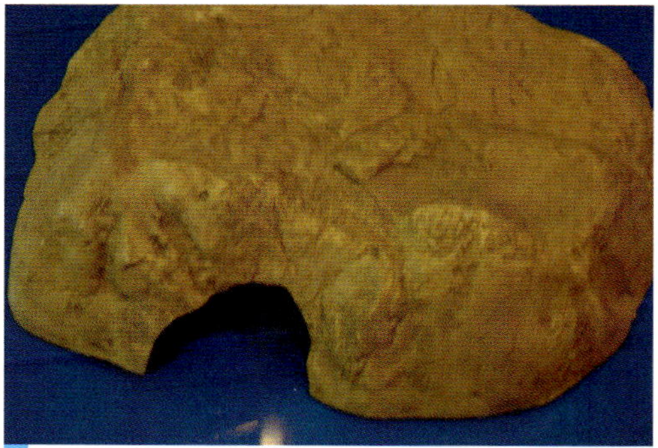

» Verschiedene Unterschlupfmöglickeiten und ein entsprechend großes Trink- und Badegefäß tragen zum Wohlbefinden unserer Pfleglinge bei.

Dieser Baumpython benötigt waagerechte Kletteräste im Durchmesser seines Körpers.

DEKO-TIPPS

- Kletternde Echsen brauchen eine begehbare Rückwand.
- Tiere brauchen Körperkontakt zum Unterschlupf.
- Wasserschale für den jeweiligen Terrarientyp
- Saubere Wurzeln und Steine je nach Terrarium
- Mit künstlichen Pflanzen wesentlich geringerer Pflegeaufwand
- Tiere dürfen nicht hinter die Rückwand gelangen können.

Reichlich mit künstlichen Pflanzen, Ästen und Unterschlupfmöglichkeiten dekoriertes Terrarium für kleinere Schlangenarten

Wie richte ich ein Terrarium ein?

Hat man nun endlich alle Teile zur Ausstattung des Terrariums beisammen, so kann es für die ausgesuchte Tierart vorbereitet werden.
Hier einmal Schritt für Schritt die Einrichtung eines Standardterrariums:

Einsteigerset aus dem Zoofachhandel für asiatische Hausgeckos, inklusive Rückwand, Beleuchtung, Bodenheizung, Ästen, Unterschlupf und Wasserbecken.
Die Rückwand aus Kokosfasermatte wird mit Silikon eingeklebt. Die Kanten sind gut mit Silikon einzustreichen. Andernfalls kann es passieren, dass sich mal ein Tier hinter die Rückwand quetscht. In diesem Fall kann meist nur die Rückwand demontiert werden, um das Tier zu retten.

Einbau der Beleuchtung. Wenn die Lampe nicht steckerfertig ist, so ist eine Fachkraft (Elektriker) hinzuzuziehen. Bei diesem Set war leider eine Lampe für den Einbau im Terrarium enthalten. Gerade für Hausgeckos lässt sich auch gut eine Aufleglampe verwenden.

Die Bodenheizung wird angeklebt. Heizmatte immer in eine Ecke, damit nicht der ganze Boden erwärmt wird. Die Tiere brauchen eine Rückzugsmöglichkeit.

Der Bodengrund wird eingebracht. Bei Tieren, die im Bodengrund graben, etwas höher, sonst reichen 5-7 cm vollkommen aus. Hier wird feiner Sand, wie er auch an vielen Stränden vorkommt, verwendet. Da Geckoss ja überwiegend die höheren Lagen im Terrarium bewohnen, ist diese Form des Bodengrunds ideal und lässt sich auch leicht reinigen. Ein Teil des Bodengrunds könnte auch mit Kokoserde gefüllt werden.

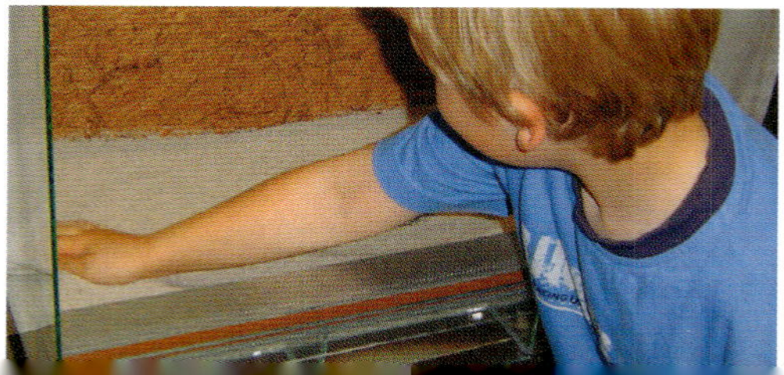

Nun können die Einrichtungsgegenstände im Terrarium angeordnet werden.
Auch die Bepflanzung, ob echt oder künstlich, wird eingebracht. Einige Äste sowie eine ganze Kokosnuss (war nicht in Lieferumfang enthalten) vervollständigen den Biotop.

Der richtige Platz für Wasserschale und Unterschlupf ist schnell gefunden. Der Unterschlupf wird nur gelegentlich benutzt, sollte aber nicht an der wärmsten Stelle im Terrarium stehen.

Fertiges Terrarium von einem Siebenjährigen mit elterlicher Unterstützung eingerichtet. Jetzt muss nur noch ein Thermometer installiert werden. Danach kann man das Klima und die Temperaturwerte überprüfen.

GUT ZU WISSEN

- Rückwand innen mit Silikon einkleben.
- Montage der Leuchte muss von einem Elektriker vorgenommen werden, falls sie nicht steckerfertig ist.
- Ebenso sollte die Heizlampe (sofern eine Verwendung findet) von einem Elektriker angeschlossen werden, falls nicht steckerfertig.
- Den Bodengrund einbringen.
- Einrichtungsgegenstände so stellen oder befestigen, dass sie nicht umgeworfen oder untergraben werden. Steine direkt auf die Bodenplatte.
- Die Unterschlupfmöglichkeiten in verschiedene Ecken, damit sich die Tiere ihre Vorzugstemperatur selbst wählen können.

Welches Tier passt zu mir?

» Besonders Insekten lassen sich gut beobachten und auch von jungen Terrarianern „erforschen".

Nicht jeder Terrarienbewohner eignet sich für jedermann gleich gut. So pflegt der eine lieber eine Schlange oder Echse, während ein anderer der wahre Vogelspinnen- und Insektenfreund ist. Wer nicht so viel Platz zur Verfügung hat, sollte sich für kleinere Tiere wie Spinnen, Insekten oder kleine Geckos entscheiden. Hat man reichlich Platz zur Verfügung und muss nicht auf die Terrariengröße achten, dann kann man sich auch zur Pflege größerer Tiere entscheiden. Das Alter der gewünschten Tiere muss mit in die Anschaffungsüberlegung integriert werden. Soll doch unser Pflegling ein Leben lang gesund und munter bei uns verbringen.

GUT ZU WISSEN

- Welcher Tiertyp passt zu mir?
- Passt das ausgesuchte Tier in ein Terrarium für das der geeignete Platz zur Verfügung gestellt werden kann?
- Kann ich das Tier artgerecht ernähren?
- Bin ich bereit, das Tier ein Leben lang zu pflegen?
- Das Tier soll nicht als Vorzeigeobjekt dienen.

Wenn es eine Schlange sein soll

» Augrund seiner Agressivität und seiner Größe sollte er nur von erfahrenen Schlangenfans gepflegt werden.

» Besonders beeindruckend sind Riesenschlangen, wie dieser Blutpython (*Python curtus breitensteini*).

» An der Trübung der Augen und den matten Erscheinungsbild kann man gut erkennen, dass sich diese Strumpfbandnatter bald häuten wird.

Schlangen gehören für die meisten Menschen zu den besonders faszinierenden Tieren und kaum einem anderen Geschöpf begegnet der Mensch mit so starken Emotionen, die von Angst, Furcht, Respekt, aber auch Bewunderung geprägt sind.
Daher verwundert es auch nicht, dass immer mehr Menschen besonderes Interesse an diesen wunderbaren Lebewesen zeigen und sich zur Pflege der einen oder anderen Schlangenart entscheiden.

Wissenswertes

Diese Tiergruppe hat die unterschiedlichsten Lebensräume erobert. So finden sich unter ihnen Wasser-, Land- und Baumbewohner. Schlangen sind wechselwarme Tiere. Ihre Körperfunktionen und im Besonderen die Verdauung sind stark temperaturabhängig. Die äußere Hautschicht hat sich im Laufe der jahrmillionenlangen Entwicklung stark verhornt und ist deshalb nicht in der Lage, mitzuwachsen.

Deshalb muss sich die Schlange von Zeit zu Zeit häuten. Ungefähr 14 Tage vor der anstehenden Häutung bildet sich eine sogenannte Häutungsflüssigkeit zwischen den beiden äußeren Hautschichten, welche ein Reifen der nächsten Oberhaut ermöglicht. Da auch die Brille, das ist die Hornhaut, welche die Augen abdeckt, mitgehäutet wird, kann man eine bevorstehende Häutung leicht an der milchigen Trübung der Augen erkennen. Circa zwei Tage vor der Häutung wird diese Häutungsflüssigkeit vom Körper resorbiert und die Schlange kann sich ihrer alten Haut entledigen.

» Ein Natternhemd, so wird die alte abgestreifte Haut genannt. Ist sie so schön in einem Teil wie hier, weiß man, dass die Tiere gesund sind und man die Klimaparameter richtig eingestellt hat.

Durch diese starke Verhornung der Haut, ist diese auch sehr drüsenarm. Schlangen sind daher nicht in der Lage, zu schwitzen. Die Sinnesorgane der Schlangen sind auf unterschiedliche Art und Weise ausgeprägt und hängen stark mit der Lebensweise der Tiere zusammen. So gibt es unter ihnen aktive Jäger, die auch schon mal ihre gewünschte Mahlzeit verfolgen, oder die etwas bequemeren, die darauf warten, dass ihnen etwas vor die Nase läuft.

Ein sehr bemerkenswertes Sinnesorgan ist die gespaltene Zunge. Mit ihr werden Duftpartikel aus der Luft aufgenommen und zur Auswertung zum sogenannten Jakobsonschen Organ geführt. So ist die Schlange in der Lage, mit der Zunge zu riechen. Einige Arten können mit ihrem Wärmesinnesorgan Temperaturunterschiede noch in einer Entfernung von mehreren Metern wahrnehmen.
Keine Schlange verfügt über ein äußeres Gehörorgan. Sie kann somit nicht hören.

Größe und Alter

Selbst die Größe variiert sehr stark – von den nur sehr kleinen Blindschlangen, von circa 20 cm Länge, bis zu den Giganten wie Netzpython, Amethystpython und Anakonda, die Längen von bis zu 10 m aufweisen können. Da Schlangen ihr Leben lang wachsen, sind meist sehr große Tiere einer Art schon sehr alt. Für die Terrarienhaltung eignet sich eine Vielzahl von Schlangen. Gerade Einsteiger und Jugendliche sollten erst einmal Erfahrungen mit den kleineren Arten machen, bevor sie sich an die Pflege der größeren Schlangenarten wagen. Schlangen, die eine Länge von mehr als 3 m aufweisen, sind für den Menschen potentiell gefährlich. Kleinere Schlangen werden im Durchschnitt um die zwölf bis 20 Jahre alt. Bei guter Pflege können sie aber ein wesentlich höheres Alter erreichen.

» **Bin ich bereit, mich zwölf Jahre und länger um meine Schlange zu kümmern?**

» Züngelnd bewegt sich diese Schlange durchs Terrarium. So kann sie ihre Umwelt erkunden und eventuelle Beutetiere orten.

» Trotz ihrer beachtlichen Größe von mehr als zwei Metern, werden oft Babys der Königsboa (*Boa constrictor imperator*) immer wieder von Anfängern erworben. Außerdem können sie über 20 Jahre alt werden.

Anforderungen an den Pfleger

Wer Schlangen pflegen möchte, muss sich zuerst genau darüber informieren, woher die Tiere stammen und welche klimatischen Ansprüche sie haben. Um dann auch die Temperatur und Luftfeuchtigkeit entsprechend einstellen und überprüfen zu können. Schlangen ernähren sich nur von Fleisch in Form von Mäusen, Ratten und Fisch. Daher sollte man vorher genau überlegen, ob man in der Lage ist, solch ein Futtertier an die Schlange zu verfüttern. Bei der Pflege der Schlangen gehört auch die Reinigung des Terrariums in das Aufgabengebiet des Pflegers, wobei es immer wieder nötig sein wird, das Tier anzufassen. Schlangen sind allerdings keine Streicheltiere und es ist ihnen nicht zuträglich, wenn sie täglich aus dem Terrarium genommen werden.

CHECKLISTE VOR DER ANSCHAFFUNG

- Bei der Auswahl der Schlange auf die Größe achten.
- Auch kleinere Arten haben ihren Reiz.
- Genau prüfen, ob eine Schlange (Alter, Größe) auch wirklich die richtige Wahl ist.
- Sind alle Familienmitglieder mit einer Schlange als „Haustier“ einverstanden?
- Es muss Lebendfutter, also Mäuse, Ratten oder Fische, verfüttert werden.

Kornnatter

Pantherophis guttatus

Herkunft: Südliches Nordamerika, Florida
Länge: Circa 1,2 m, auch bis zu 1,5 m
Futter: Kornnattern fressen überwiegend Mäuse oder Ratten in Mausgröße. Eingewöhnte Tiere gehen auch problemlos an aufgetaute Mäuse.
Lebensweise: Dämmerungsaktiv, lebt versteckt unter Rindenstücken oder Steinen.
Haltung: Terrarium (ca. 1,2 m lang, 0,5 m tief und hoch), als Bodengrund eignen sich am besten Pinienborke oder Buchenspäne. Einige flache Rindenstücke und Klettermöglichkeiten vervollständigen die Einrichtung. Eine Schale mit frischem Trinkwasser, in der die Tiere auch mal baden können, muss vorhanden sein. Als Beleuchtung genügt eine Leuchtstofflampe ohne UV-Anteil. Die Bodenheizung sollte nur einen Teil der Gesamtfläche einnehmen.
Klima: Die Tagestemperaturen sollten 27°C, mit einer nächtlichen Abkühlung um 5°C betragen. Die Luftfeuchtigkeit sollte um die 60% liegen
Sonstiges: Es sind viele unterschiedliche Farbformen der Kornnatter erhältlich. Sie ist ein sehr gutes Anfängertier, auch gerade für Kinder.

Pueblo-Milchnatter

Lampropeltis triangulum campelli

Herkunft: Südöstliches Mexiko in Höhen bis zu 1500 m
Länge: Bis zu 1 m
Futter: Die Milchnatter nimmt als Nahrung kleinere Mäuse und kleine Ratten an. Auch diese Art lässt sich an aufgetaute Mäuse gewöhnen.
Lebensweise: Die Tiere sind am späten Nachmittag, in der Dämmerung und am frühen Morgen aktiv. Sonst leben sie versteckt unter Rindenstücken und Steinen.
Haltung: Terrarium (0,8-1 m lang, 0,5-0,6 m tief und 0,5 m hoch). Da sich die Tiere auch gern mal im Bodengrund eingraben, ist eine etwa 10 cm hohe Schicht Pinienborke ideal. Einige Klettermöglichkeiten und ein Unterschlupf vervollständigen die Einrichtung. Ein Trinkgefäß mit frischem Wasser muss immer angeboten werden. Zur Beleuchtung wird eine handelsübliche Leuchtstofflampe verwendet. Eine kleine Bodenheizmatte in einer Ecke ist verwendbar.
Klima: Die Tagestemperaturen sollten etwa 27°C betragen, mit einer nächtlichen Abkühlung auf Zimmertemperatur. Die Luftfeuchtigkeit sollte um die 60% liegen.
Sonstiges: Auf ähnliche Art und Weise lassen sich auch die anderen Milchnattern pflegen.

Königspython

Python regius

Herkunft: Der Königspython kommt überwiegend in Ghana und Togo vor.
Länge: Bis zu 1,6 m, meist 1,2 m
Futter: Die Tiere brauchen ihrer Größe entsprechende Futtertiere wie Mäuse und später halbwüchsige bis ausgewachsene Ratten. Nicht alle Tiere lassen sich an Tiefkühlkost gewöhnen. Dies gelingt jedoch bei Jungtieren leichter als bei adulten.
Lebensweise: Der Königspython ist dämmerungs- bis nachtaktiv.
Haltung: Terrarium (1,2 m lang, 0,6 m tief und 0,6 m hoch). Als Bodengrund dient Idealerweise wieder Pinienborke. Da die Tiere gerne klettern, müssen auch einige Äste und Unterschlupfmöglichkeiten vorhanden sein. Auch ein Trink- und Badebecken muss installiert werden. Als Beleuchtung kann wieder eine Leuchtstofflampe dienen. Das Verwenden einer schwachen Bodenheizung ist unumgänglich.
Klima: Die Tagestemperatur sollte bei 30°C liegen, mit einer Nachtabsenkung um 5°C. Die relative Luftfeuchte sollte um die 70% betragen.

Rotgefleckte Strumpfbandnatter

Thamnophis sirtalis parietalis

Herkunft: Diese Wassernatter kommt in Kanada und Teilen der Vereinigten Staaten vor.
Länge: Bis zu 1 m, meist um 85 cm
Futter: Diese kleinen Wassernattern lassen sich problemlos mit kleinen Fischen wie Blaubandbärbling oder Moderlieschen ernähren. Weiterhin nehmen sie nackte Mäuse und manchmal auch große Regenwürmer als Futter an.
Lebensweise: Strumpfbandnattern sind tagaktive Jäger, die auch schon einmal einem kleinen Fischchen im Wasserbecken hinterherjagen.
Haltung: Terrarium (1 m lang, 0,5 m tief und 0,5 m hoch). Für diese Wassernattern sollte ein Wasserbecken mit der Hälfte der Grundfläche und einer Tiefe von wenigstens 5 cm Wasserstand installiert werden. Das Wasser wird entweder regelmäßig erneuert oder mittels eines Filters gereinigt. Den Bodengrund aus Pinienborke statten wir mit Unterschlupfmöglichkeiten aus Moos oder Kork aus. Als Beleuchtung dient eine Leuchtstofflampe. Ein Strumpfbandnatternterrarium lässt sich auch problemlos mit echten Pflanzen dekorieren. Beheizt wird mit einer kleinen Bodenheizung oder einer Glühlampe.
Klima: Tagestemperaturen zwischen 26-28°C, bei einer nächtlichen Abkühlung um 5-6°C. Relative Luftfeuchte von 70%.

Braune Hausschlange

Lamprophis fuliginosus

Herkunft: Aus Afrika, überwiegend südlich der Sahara
Länge: Bis zu 1,2 m, Männchen etwas kleiner, um 0,8 m
Futter: Diese Schlange lässt sich problemlos mit Mäusen und kleinen Ratten ernähren, auch von dieser Art werden aufgetaute Mäuse angenommen.
Lebensweise: Diese dämmerungsaktive Art bewohnt die Savannen und Graslandschaften und meidet dichten Bewuchs. Im Terrarium sollten einige Versteckmöglichkeiten angeboten werden.
Haltung: Terrarium (1 m lang, 0,5 m breit und hoch). Als Bodengrund eignen sich Buchenspäne oder Pinie. Einige Kletteräste und ein Unterschlupf vervollständigen die Einrichtung. Als Trink- und Badegefäß dient eine kleine Wasserschale. Wir beleuchten das Terrarium mit einer Leuchtstofflampe. Auch hier ist eine kleine Heizmatte gut zu verwenden.
Klima: Bei Tagestemperaturen von 27°C und einer Abkühlung nachts auf 22°C fühlen sich die Tiere wohl. Luftfeuchte von 40 bis 50%.
Sonstiges: Sehr gutes Anfängertier für die kleineren Terrarianer.

Californische Kettennatter

Lampropeltis getula california

Herkunft: Wie man aus dem Namen schon schließen kann, stammt diese Art aus Kalifornien.
Länge: Bis zu 1,3 m, meist aber um 1 bis 1,2 m
Futter: Diese Schlangen fressen Nagetiere ihrer Größe entsprechend. So kann man an sie Mäuse und kleine Ratten verfüttern. Auch die bereits erwähnte Tiefkühlkost wird angenommen.
Lebensweise: Dämmerungsaktive Tiere, die sich tagsüber gern unter flachen Steinen und Rindenstücken verstecken.
Haltung: Terrarium (1 m lang, 0,5 m breit und hoch). Als Bodengrund sind am besten mittelfeine Buchenspäne geeignet. Einige Klettermöglichkeiten und eine Wasserschüssel vervollständigen das mit Verstecken ausgestattete Terrarium. Als Beleuchtung kann am zweckmäßigsten wieder eine Leuchtstofflampe dienen. Der Wärmeplatz sollte mit einer Bodenheizung ausgestattet sein.
Klima: Bei Tagestemperaturen von 27°C und einer Abkühlung nachts auf Zimmertemperatur gedeihen die Tiere prächtig. 65% Luftfeuchte werden benötigt.
Sonstiges: Diese Tiere fressen in der Natur auch andere Schlangen, daher ist sie im Terrarium nur als Einzeltier zu halten.

Krokodile und Kaimane (*Paleosuchus palpebrosus*) gehören nur in die Hände von Experten. Diese Tiere erreichen ein sehr hohes Alter und sind ausgewachsen eine Gefahr für Leib und Leben.

Spinnentiere haben ihren ganz besonderen Reiz.

Dieses Terrarium in Pyramidenform beherbergt einen Skorpion.

Wenn es eine Echse sein soll

Wissenswertes

Wer ist nicht von Riesenkrokodilen und Dinos aus den unterschiedlichsten Fernsehfilmen begeistert? Der eine oder andere mag sich schon des Öfteren die Frage gestellt haben, ob es nicht auch möglich wäre, solche „Monster“ zu halten? Nun ja – die Dinosaurier sind ausgestorben und die Pflege von Krokodilen sollten wir Spezialisten überlassen. Es gibt aber eine ganze Menge sehr beeindruckender Echsen, die sich problemlos im Terrarium halten und pflegen lassen.

Wie die Schlangen, so sind auch Echsen wechselwarme Tiere. Daher muss auch bei ihnen besonders auf das Klima im Terrarium geachtet werden. Es wurde bereits im Kapitel Beleuchtung und Temperatur erwähnt, dass Echsen nur in der Lage sind, eine Wärmequelle in Verbindung mit Licht, sprich Helligkeit, wahrzunehmen. Für fast alle Echsen empfiehlt sich weiterhin, eine Leuchtstofflampe mit UV-Anteil als Grundbeleuchtung zu verwenden. Echsen haben sich im Laufe ihrer Entwicklung sehr stark an die unterschiedlichen Lebensräume angepasst. Ihre Zehen beispielsweise sind bei einigen Arten mit Haftlamellen versehen, die es ihnen gestatten, auch an glatten Flächen wie Glasscheiben zu laufen. Wieder andere haben in der Schwanzwurzel einen Fettspeicher, um auch einmal die eine oder andere futtertierlose Zeit zu überstehen. Die meisten Echsen sehen sehr gut, um so ihre Beutetiere ausfindig zu machen. Eine Gehöröffnung hinter den Augen ermöglicht es ihnen, Laute wahrzunehmen und viele Geckos sind auch in der Lage, Laute zu äußern. Die Häutung verläuft bei den Echsen ähnlich wie bei Schlangen, nur mit dem kleinen Unterschied, dass viele ihre alte Haut auffressen. Unter den Echsen gibt es Fleisch- und Pflanzenfresser aber auch Tiere, die beides verspeisen.

≫ Madagaskische Großkopfgeckos (*Paroedura pictus*) lassen sich sehr gut in der Dämmerung und nach Ausschalten der Beleuchtung beobachten.

» Leopardgecko bei der Häutung. Mit den Füßen reißen sie sich die alte Haut ab, um sie anschließend zu fressen.

Größe und Alter

Größen von mehreren Metern sind keine Seltenheit, da auch die Krokodile zu den Echsen (Panzerechsen) zählen. So erreichen einige eine Größe von bis zu 7 m. Die kleinsten unter den Echsen sind einige Zwergchamäleons und kleine Geckos, die mit nur circa 4-5 cm richtige Zwerge sind. Als Terrarienpfleglinge eignen sich eine Menge von Echsen, die um 12-40 cm an Endgröße erreichen. Von ihnen kann auch keine Gefahr für den Pfleger ausgehen. Die meisten kleineren Echsen werden zwischen fünf und 15 Jahre alt.

» Bartagamen sind keine wählerischen Terrarienbewohner. Sie fressen Insekten und pflanzliche Kost, wie Gemüse und Obst, gleich gerne.

Anforderungen an den Pfleger

Einer der wichtigsten Punkte ist, dass man genau über seine Echsenart und deren Ernährungsgewohnheiten Bescheid weiß. Vegetarische Kost muss immer frisch zur Verfügung stehen, natürlich auch im Winter. Möchte man lieber seine Tiere beim Fang von Heuschrecken, Grillen und Heimchen beobachten, ist zu bedenken, dass eventuell entwichene Futtertiere zur Plage in einer Wohnung werden können. Auch sind die Grillen in der Lage, lautstark zu zirpen, was einem schon einmal den Schlaf rauben kann, wenn das Terrarium im Kinder- oder Schlafzimmer steht. Einige der Geckos haben eine sehr empfindliche Haut und sollten deshalb so wenig wie möglich angefasst werden.

Echsen in Terrarium zu beobachten, ist auf alle Fälle sehr interessant. Auch dämmerungsaktive Tiere werden sich schnell sehen lassen, wenn es etwas zu fressen gibt.

GUT ZU WISSEN

- Kann das benötigte Futter wie Futterinsekten und Grünfutter das ganze Jahr über beschafft werden?
- Entwichene Futterinsekten können schnell zur Plage in der Wohnung werden.
- Der Technikaufwand wird aufgrund einer UV-Beleuchtung etwas höher sein als bei anderen Tieren.
- Echsen nie am Schwanz anfassen, da dieser abgeworfen werden kann.

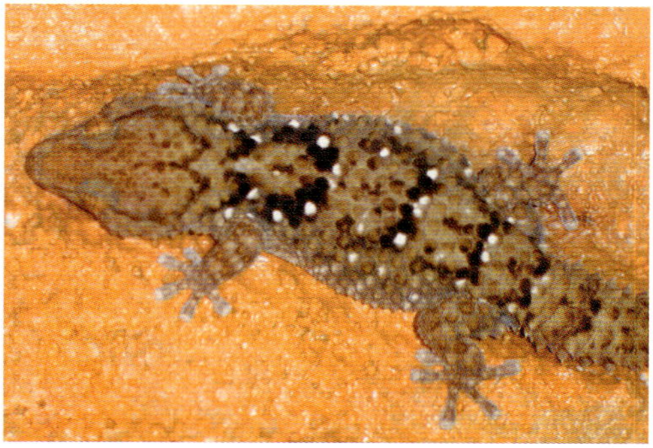

Bibrongecko oder Dickfingergecko

Pachydactylus bibronii

Herkunft: Der Dickfingergecko kommt in der Republik Südafrika sowie im südlichen Namibia vor.
Größe: Bis zu 20 cm
Futter: Diese Tiere nehmen ausschließlich Futterinsekten. Idealerweise wird mit einer Abwechslung aus Heuschrecke, Grille, Heimchen und Schabe gefüttert. Die Futtertiere sollten vor der Verfütterung mit einem im Handel erhältlichen Vitamin-Mineralstoffgemisch eingestäubt werden.
Lebensweise: Dämmerungsaktiv, klettert gern an der Rückwand und in Felsspalten.
Haltung: Terrarium (0,5 m lang und breit, 0,8 m hoch oder 0,8 m lang und 0,6 m breit und hoch). Als Bodengrund wird nicht zu feiner Sand mit einer Körnung von 1-2 mm verwendet, wobei ein kleiner Teil des Bodengrunds auch aus feinem Sand bestehen kann. Als Versteckmöglichkeit kann man sehr gut Rindenstücke senkrecht aufstellen. Ein kleines Schälchen mit Wasser dient zum Trinken. Eine Beleuchtung mit geringem UV-Anteil ist ausreichend. Eine Wärmelampe und eine milde Bodenheizung sollten zum Erreichen der Vorzugstemperatur installiert werden.
Klima: Tagsüber 25-28°C unter der Wärmelampe bis zu 36°C, nachts kann die Temperatur auf Zimmertemperatur absinken. Luftfeuchte: Ein leichtes Übersprühen alle zwei Tage reicht vollkommen aus.
Sonstiges: Tolle Tiere, leider sehr flink.

Leopardgecko

Eublepharis macularius

Herkunft: Afghanistan, teile Indiens und Pakistan
Größe: Um die 20 cm
Futter: Diese Art ist mit Sicherheit kein Kostverächter und so verspeisen sie fast alle Formen von Insekten und Käferlarven gleich gern. Sehr gut eignen sich Heuschrecken, Grillen, Heimchen, Schaben, *Zophobas* und ab und zu Mehlwürmer. Auch bei ihnen sollten die Futtertiere mit einem Mineral-Vitaminstoffpräparat eingestäubt werden.
Lebensweise: Dämmerungs- bis nachtaktive Tiere, die sich gern unter flachen Steinen oder Blumentöpfen verstecken. Sobald gefüttert wird, sind sie auch am Tage zu sehen.
Haltung: Terrarium (0,8 m lang, 0,5 m breit und hoch). Am besten ist feiner Sand als Bodengrund geeignet, da die Tiere gern graben. Aus einer kleinen Wasserschüssel wird gelegentlich getrunken. Diese Tiere kommen auch ohne UV-Anteile im Licht aus und gedeihen prächtig. Als Bodenheizung verwenden wir wieder eine kleine Heizmatte.
Klima: Tagsüber 25-28°C, unter der Wärmelampe bis zu 36°C, nachts kann die Temperatur auf Zimmertemperatur abfallen. Luftfeuchte um die 60%.
Sonstiges: Ideales Anfängertier, auch für Kinder, wird schnell handzahm.

Bartagame

Pogona vitticeps

Herkunft: Diese Art bewohnt weite Teile Australiens von Feuchtbiotopen bis hin zu Savannen.
Größe: Um die 40 cm
Futter: Sie nimmt als Nahrung sowohl diverses Grünfutter wie Löwenzahn, Wildkräuter, Salat und Früchte, aber auch Futterinsekten in entsprechender Größe werden gerne gefressen. Hierzu sind vor allem Heuschrecken und größere Schaben gut geeignet. Der Ernährungsplan sollte abwechslungsreich gestaltet sein, zu 50% aus pflanzlicher Kost und zu 50% aus Insekten bestehen. Auch bei dieser Art ist eine Vitamin- und Mineralstoffgabe vonnöten.
Lebensweise: Tagaktiver Sonnenanbeter, der fast immer zu sehen ist.
Haltung: Terrarium (mindestens 1,2 m lang, 0,6 m breit und hoch). Als Bodengrund eignet sich eine etwa 10 cm hohe Schicht feiner Sand. Einige Unterschlupfmöglichkeiten und eine kleine Wasserschüssel vervollständigen das ansonsten mit Steinen und Klettermöglichkeiten dekorierte Terrarium. Als Sonnenfreak mögen es die Bartiagamen sehr hell und benötigen viel UV-Licht. Um die nötigen Temperaturen zu erreichen, ist es sinnvoll, eine Bodenheizung einzubauen.
Klima: Bei Tagestemperaturen um 30°C, unter der Wärmelampe bis zu über 40°C, fühlen sie sich sichtlich wohl. Nachts kann die Temperatur auf Zimmertemperatur abfallen. Luftfeuchte: Das gesamte Terrarium sollte morgens mit lauwarmem Wasser überbraust werden.
Sonstiges: Die Tiere werden sehr schnell zahm und fressen dann sogar Obst aus der Hand. Auch für Kinder gut geeignet.

Madagaskar Taggecko

Phelsuma madagascariensis grandis

Herkunft: Wie der Name schon sagt, kommt diese Art aus Madagaskar.
Größe: Bis zu 23 cm
Futter: Die Tiere ernähren sich überwiegend von kleineren Insekten wie Heimchen und kleinen Grillen, aber auch Fliegen werden gerne gefangen. Man kann ihnen ab und zu Fruchtbreie, wie sie für die Kleinkinderernährung erhältlich sind, geben. Oder man drückt selber eine Banane zu Brei. Auch diese Art benötigt ein Mineral-Vitamin- Ergänzungsfutter.
Lebensweise: Tagaktive Baumbewohner
Haltung: Terrarium (0,5 m lang und breit, mind. 0,8 m hoch). Als Bodengrund eignet sich sehr gut Kokosfasererde. Da diese Tiere keine Pflanzen beschädigen, kann auch eine lebende Pflanze eingebracht werden, ansonsten sind Kunstpflanzen zu verwenden. Als Klettermöglichkeit dienen Korkstücke oder Bambusrohre. Die Tiere wollen ein hell beleuchtetes Terrarium mit UV-Licht. Eine kleine Bodenheizung schadet nicht und kann eingebaut werden.
Klima: Tagestemperaturen um 30°C sind angezeigt, die nachts auf bis zu 26°C abfallen können. Um den Tieren zu ermöglichen zu trinken, ist die Bepflanzung täglich zu übersprühen.
Sonstiges: Diese Tiere haben eine empfindliche Haut, die sehr schnell einreißen kann.

Rotkehlanolis

Anolis carolinensis

Herkunft: Aus Kuba, Teilen Mexikos und dem Südosten der USA.
Größe: Bis zu 22 cm, meist aber um 18 cm
Futter: Allerlei unterschiedliche Insekten wie Heimchen, kleine Grillen und Heuschrecken. Wie bei allen Echsen sollte auch bei diesen Tieren das Futter mineralisiert werden.
Lebensweise: Tagaktiver Baum- und Buschbewohner.
Haltung: Terrarium (0,8 m lang, 0,5 m breit und mind. 0,5 m hoch). Als Bodengrund ist sehr gut Kokosfasererde geeignet. Einige Kletteräste, eine kleine Wasserschüssel und künstliche oder echte Pflanzen vervollständigen das Terrarium. Als Versteckmöglichkeiten dienen aufgestellte Korkstücke, Blumentöpfe oder flache Steine. Als tagaktives Tier benötigen sie eine starke Beleuchtung mit UV-Anteil. Eine Bodenheizung ist nicht zwingend erforderlich, kann aber zum Erreichen der Temperatur eingebaut werden.
Klima: Temperaturen am Tage von circa 26°C, bei einer nächtlichen Abkühlung auf 21°C sind notwendig. Um die Luftfeuchte von 60% zu erhalten, empfiehlt es sich, entweder ein technisches Gerät zu installieren oder täglich zur Sprühflasche zu greifen.

Asiatischer Hausgecko

Hemidactylus frenatus

Herkunft: Ursprünglich stammt diese Art aus Südostasien, inzwischen sind sie jedoch in ganz Asien anzutreffen, sogar auf kleinen Inseln wie den Malediven.
Größe: Bis zu 15 cm, meist aber um 12 cm
Futter: Allerlei Insekten, die der Beutegröße des Geckos entsprechen, wie Heimchen, kleine Grillen und Fliegen.
Lebensweise: Erst wenn es dunkel ist, kommen diese Tiere zum Vorschein und gehen dann auch an den Glasscheiben auf Beutejagd.
Haltung: Terrarium (0,4 m lang und breit und mind. 0,5 m hoch oder 0,6 m lang und 0,4 m breit und hoch). Als Bodengrund eignet sich feiner Sand in einer Höhe von 5 cm. Als Versteckmöglichkeiten werden am liebsten aufgestellte Äste und künstliche Pflanzen oder Blumentöpfe angenommen. Eine kleine Wasserschale dient zum Trinken. Diese nachtaktiven Tiere kann man ohne UV-Beleuchtung halten, wobei in einem Eck eine kleine Heizmatte installiert werden sollte.
Klima: Tagestemperaturen von 25°C, bei einer Abkühlung nachts auf 20° C sind erwünscht. Um die Luftfeuchtigkeit auf 65-75% zu erhöhen wird das Terrarium übersprüht.
Sonstiges: Tolles Tier – auch für Anfänger. Lässt sich sehr gut beobachten, leider auch etwas flink.

Wenn es ein Spinnentier sein soll

Wer kennt das denn nicht? Da geht man nichtsahnend in den Keller und plötzlich steht man vor einer großen Spinne. Dann kommt erst einmal ein lauter Schrei und der Staubsauger oder Besen wird geholt, um dieses gruselige Vieh zu entfernen.
Es gibt aber auch eine Vielzahl von Menschen, die gerade von der Familie der Spinnentiere begeistert sind. Wenn auch Sie zu diesen haarigen Biestern eine besondere Verbindung aufgebaut haben und ein solches Tier pflegen möchten, so wird auf den folgenden Seiten sehr viel Interessantes für Sie zu entdecken sein. Auch die Familie der Skorpione gehört zu den Spinnentieren und hat eine große Anzahl von Anhängern gefunden. Ein Spinnentier ist natürlich gerade für diejenigen Terrarianer gut geeignet, die nur wenig Platz für ihr Terrarium zur Verfügung haben. Da diese Tiere giftig sind, ist ein Standort im Kinderzimmer nicht die erste Wahl.

Wissenswertes

Vogelspinnen und Skorpione müssen sich häuten, wenn sie wachsen und ihre alte Haut zu klein geworden ist. Diese besteht aus Chitin einem Material ähnlich unseren Fingernägeln. Dazu zieht sich die Spinne in ein Versteck zurück und ist erst dann wieder zu sehen, wenn sie gehäutet ist. Während dieser Zeit sollte die Spinne auch nicht gefüttert werden. Bei der frisch gehäuteten Spinne ist der Chitinpanzer noch weich und ein Futterinsekt könnte die Spinne anfressen. Die Sinnesorgane der Spinnentiere sind auf die unterschiedlichste Art und Weise geprägt. So verfügen Vogelspinnen über einen Augenhügel, der mit acht Augen besetzt ist. Hiervon werden vier Augen für das Sehen am Tage und vier für das Sehen in der Nacht verwendet. Sie kann damit allerdings nicht gerade gut sehen und nimmt nur hell und dunkel war. Keine Spinne kann hören. Dafür sind die Tiere in der Lage, mit Ihren Tasthaaren kleinste Bodenerschütterungen wahrzunehmen. So können sie ihre Beute leicht finden. Spinnen spritzen ihren Beutetieren Gift ein, welches sie von innen auflöst. Dieser Nahrungsbrei wird dann von den Spinnen aufgesaugt.

» *Aphonopelma seemanni*

Größe und Alter

Vogelspinnen erreichen unterschiedlichste Größen von nur etwa 4 cm bis hin zu den Giganten, die tellergroß werden können. Für den Spinnenanfänger sind allerdings gerade die mittelgroßen Tiere um 8-10 cm ideal. Vogelspinnenweibchen werden bis zu 20 Jahre alt, wobei die Männchen mit bis zu sechs Jahren kein so hohes Alter erreichen.

» Diese *Brachypelma auratum* wird auch als Hochlandsmithi bezeichnet. Eine farbenprächtige Spinne, die leider selten erhältlich ist.

Giftigkeit

Spinnentiere sind sehr genügsame Terrarienbewohner und problemlose Pfleglinge, die allerdings über einen giftigen Verteidigungsapparat verfügen. Der legendäre Stachel des Skorpions ist aus vielen Geschichten und Filmen bekannt. Als grundsätzliche Regel kann gelten: je größer die Scheren, desto geringer die Giftigkeit. Die in diesem Buch vorgestellte Art verfügt nur über ein sehr geringes Gift, das ungefähr mit dem einer Biene oder Wespe zu vergleichen ist.

Die Vogelspinnen haben zwei Giftklauen, mit denen sie zubeißen und Gift in die Bisswunde abgeben können. Alle hier vorgestellten Arten verfügen nur über eine geringe Giftwirkung auf den Menschen. Diese wird sich überwiegend in Rötung und Anschwellen der Bissstelle äußern. Allerdings kann es bei einem Biss oder Skorpionstich auch zu einer allergischen Reaktion kommen, deshalb ist auf jeden Fall immer ein Arzt nach einem Biss- oder Stichunfall zu konsultieren. Für Bienen- und Wespenstichallergiker ist die Haltung von Spinnentieren nicht geeignet.

Die hier aufgeführten Vogelspinnen verfügen noch über eine andere wirksame Waffe, die überwiegend zur Verteidigung eingesetzt wird, nämlich ihre Brennhaare. Diese feinen Speere sitzen am Hinterleib (Abdomen) der Spinne und werden bei Gefahr mit den hinteren Beinpaaren abgebürstet. Solche feinen Haare bewirken auf der Haut einen starken Juckreiz und die befallenen Stellen röten sich. Vorsicht ist geboten, wenn man diese Haare in die Augen bekommt oder sie einatmet. In diesem Falle ist immer ein Arzt aufzusuchen.

» Solch kleine Terrarien für Vogelspinnen finden auch Platz in einer kleineren Wohnung.

Anforderungen an den Pfleger

Wie zu lesen ist, will die Pflege eines Spinnentiers wohl überlegt sein. Aber es gibt natürlich auch viele Gesichtspunkte, die für eine Spinnerhaltung sprechen. Als Terrarium dienen sogenannte Spinnenterrarien, die für die meisten Arten nur eine sehr geringe Größe haben müssen. Mit einer Glasfalltür ausgestattet sind sie ausbruchssicher. Alle hier aufgeführten Spinnentiere sind sehr genügsame Bewohner. Ernährt werden sie mit Futterinsekten in entsprechender Größe. Wichtig ist, dass das Terrarium nicht zu oft gesäubert wird, denn die Tiere richten es meist selbst so ein wie sie es wünschen, natürlich auch mit Spinnweben. Lediglich Kot und über gebliebene Futtertiere sind zu entfernen. Einige Arten lassen sich auch anfassen und gefahrlos auf die Hand setzen.

GUT ZU WISSEN

- Spinnentiere können für einen Allergiker gefährlich sein.
- Bei Bissverletzungen oder bei Augen- und Atemwegskontakt mit Brennhaaren immer einen Arzt aufsuchen.
- Spinnen sind sehr genügsame Tiere, die sich auch in einem kleinen Terrarium gut pflegen lassen.
- Es müssen Insekten verfüttert werden.
- Nicht alle Spinnen lassen sich anfassen und auf die Hand nehmen.
- Diese Tiere sind aufgrund ihrer Giftigkeit nur bedingt für Kinder und Jugendliche geeignet.
- Alle technischen Geräte sind außerhalb des Terrariums zu installieren.

» Die wohl bekannteste unter den Vogelspinnen *Brachypelma smithi* ist häufig in den Terrarien von Spinnenliebhabern anzutreffen.

Kraushaarvogelspinne

Brachypelma albopilosa

Herkunft: Diese Art ist in Panama und Teilen Costa Ricas und Honduras heimisch.
Größe: 7-8 cm
Futter: Insekten in entsprechender Größe werden teilweise sogar von einer langen Futterpinzette genommen.
Lebensweise: Dämmerungsaktiver Bodenbewohner
Haltung: Terrarium (30 x 30 x 30 cm). Kokosfaserziegelerde verwendet man am besten als Bodengrund. Einige Terrarienmoospolster und flache Korkstücke dienen als Unterschlupf. Auch ein kleiner Ast wird gelegentlich zum Klettern benutzt. Als Beleuchtung kann eine einfache Leuchtstofflampe, Energiesparlampe oder Glühbirne dienen.
Klima: Temperaturen von 26°C sind ideal, bei einer nächtlichen Abkühlung um 6°C. Um die nötige Luftfeuchte von 75% zu erhalten, wird das Moos nach Bedarf angefeuchtet.
Sonstiges: Ideales Anfängertier, das gut zu pflegen und günstig in der Anschaffung ist.

Chile-Vogelspinne

Grammostola rosea

Herkunft: Wie der Name schon erahnen lässt, so ist diese Art in Chile, Bolivien und Panama beheimatet.
Größe: Um die 6 cm
Futter: Es können alle erdenklichen Futterinsekten und vor allem Schaben angeboten werden.
Lebensweise: Ruhiger und dämmerungsaktiver Bodenbewohner.
Haltung: Terrarium (30 x 30 x 30 cm). Als Bodengrund kann sehr gut ein Kokosfaserziegel oder ungedüngte Blumenerde verwendet werden. Da diese Art eine höhere Luftfeuchtigkeit benötigt, kann ein Teil des Bodengrunds immer feucht gehalten werden. Als Versteck dienen flache Korkrindenstücke, unter denen die Spinne ihre Wohnhöhle gräbt. Beleuchtet wird das Terrarium mit einer Energiesparlampe.
Klima: Am Tage benötigt sie Temperaturen um 28°C, die nachts auf 25°C absinken. Eine Luftfeuchte von über 80% muss eingestellt werden.
Sonstiges: Gutes Einsteigertier, das sehr friedlich ist.

Rotknievogelspinne

Brachpelma smithi

Herkunft: Diese Spinne ist in einem Großteil Mexikos heimisch.
Größe: Bis zu 9 cm
Futter: Allerlei Insekten, der Größe der Spinne angepasst, auch große Heuschrecken und Schaben.
Lebensweise: Friedliche, dämmerungsaktive Art.
Haltung: Terrarium (30 x 30 x 30 cm oder 40 x 40 x 30 cm). Als Bodengrund verwenden wir Kokosziegelerde in einer Höhe von etwa 7 cm. Eine Versteckmöglichkeit im Terrarium wird mittels eines Stücks Korkrinde geschaffen. Da die Tiere eine erhöhte Luftfeuchtigkeit benötigen sollten auch einige Moospolster eingebracht werden, die man feucht hält. Als Beleuchtung sind wieder Strahler oder Leuchtstofflampen außerhalb des Terrariums geeignet.
Klima: Bei Temperaturen um 27°C tagsüber und nachts bei 20°C fühlen sich die Tiere merklich wohl. Luftfeuchte von 70%. Sprühen ist in Ordnung, aber der Bodengrund sollte trocken bleiben.
Sonstiges: Auch diese wohl bekannteste unter den Vogelspinnen ist für den Anfänger gut geeignet.

Schwarz-Rote Vogelspinne

Brachypelma vagans

Herkunft: Diese Art kommt weit verbreitet vor und so ist sie in Mexiko, Guatemala, Kolumbien und Honduras zu finden.
Größe: Circa 8 cm
Futter: Wie andere Arten auch, so lässt sie sich problemlos mit den aufgezeigten Insekten ernähren.
Lebensweise: Nicht ganz so friedliche, dämmerungsaktive Art, die gerne auch mal ihre Brennhaare abbürstet.
Haltung: Terrarium (40 x 40 x 30 cm). Die bekannte Kokos- oder Blumenerde eignet sich auch hier als idealer Bodengrund, wenn er mindestens 10-15 cm hoch ins Terrarium eingebracht wird. Diese Art gräbt Wohnröhren in den Bodengrund. Ein kleiner Unterschlupf in Form einer Zierkorkröhre vervollständigt die Einrichtung.
Klima: Bei Temperaturen um 27°C tagsüber und nachts bei 20°C fühlen sich die Tiere sehr wohl. Luftfeuchte von 70%. Sprühen ist in Ordnung, aber der Bodengrund sollte trocken bleiben.
Sonstiges: Sehr interessanter Pflegling, den man allerdings nur selten zu sehen bekommt. Kann auch für Anfänger empfohlen werden.

Orangebeinvogelspinne

Brachypelma boehemei

Herkunft: Diese Art bewohnt den Westen Mexikos.
Größe: Um die 8 cm
Futter: Die unterschiedlichsten Insekten wie Heuschrecken und Grillen werden gerne genommen.
Lebensweise: Diese Art ist nur in den frühen Morgenstunden und in der Abenddämmerung unterwegs.
Haltung: Terrarium (40 x 40 x 30 cm). Dieser Bodenbewohner fühlt sich auf einer 5 cm hohen Schicht aus Kokoserde wohl. Korkrinde dient – wie bei anderen Spinnen auch – als idealer Unterschlupf. Das Terrarium kann auf die bereits beschriebene Art beleuchtet werden.
Klima: Da diese Art Trockengebiete bewohnt, kann die Temperatur tagsüber bis auf 40°C ansteigen bei einer Nachttemperatur um die 22°C. Eine Luftfeuchte von 70% sollte eingestellt werden.
Sonstiges: Diese Art ist häufig im Handel erhältlich, bürstet aber bei Störung schnell die Brennhaare ab. Eine der schönsten amerikanischen Spinnen.

Kaiserskorpion

Pandinus imperator

Herkunft: Dieser Afrikaner kommt in Mauretanien bis nach Zaire vor.
Größe: Bis zu 20 cm, meist aber um 15 cm
Futter: Es werden die unterschiedlichsten Insekten als Futter akzeptiert. Gelegentlich können auch Babymäuse verfüttert werden.
Lebensweise: Friedlicher, dämmerungsaktiver Terrarienbewohner.
Haltung: Terrarium (60 cm lang, 40 cm breit und 40 cm hoch). Als Bodengrund eignet sich ein Gemisch aus feinem Sand und Kokoserde. Ein Teil des Bodengrunds (ca. $^1/_5$) kann auch aus kleinen Kieselsteinen bestehen. Eine kleine Wasserschale, Korkrindenstücke und flache Steine als Unterschlupf vervollständigen die Terrarieneinrichtung. Als Beleuchtung kann wieder eine Leuchtstofflampe dienen. Eine milde Bodenheizung sollte in einer Ecke eingebaut werden.
Klima: Tagestemperaturen um die 27°C. Nachts sind etwa 22°C erforderlich. Luftfeuchte 75%.
Sonstiges: Die einzige Art, die auch ein Anfänger halten kann. Trotzdem Giftigkeit beachten!

Wenn es ein Insekt sein soll

Bei dem Wort Insekten denkt man erst einmal an die lästigen Mücken, Fliegen, Wespen und andere fliegende und kriechende Plagegeister.

Kaum einer kommt im ersten Moment auf die Idee, Insekten mit der Terraristik in Verbindung zu bringen und sich eventuell zur Pflege solcher Tiere zu entscheiden. Insekten sind weitaus interessanter als der Laie sich vorstellen kann, da sie durch ihre besonderen Verhaltensweisen und ihre Möglichkeit zur Tarnung den Tierfreund jeden Tag aufs Neue in Staunen versetzen. Ist das Interesse für diese fantastischen Tiere erst einmal geweckt, so stellt man sich natürlich auch die Frage, wie es möglich ist, solche Lebewesen in einem Terrarium zu pflegen? Es gibt eine große Anzahl von Insekten, die mit den unterschiedlichsten Blättern wie Brombeeren und Himbeeren zu ernähren sind. Sie bedürfen nur eines geringen Pflegeaufwands und eignen sich in besonderer Weise für das Terrarium im Kinderzimmer.

» **Kinder und Jugendliche begeistern sich besonders für die unterschiedlichsten Insektenarten.**

» **Eine Borneo-Dornschrecke bei der Eiablage. Idealerweise wird wie hier eine Eiablagebox mit circa 5 cm hohen Substrat ins Terrarium gestellt.**

» **Hübsches, grün gefärbtes Jungtier von *Eurycanta calcarata*. Diese Tiere werden bis zu 15 cm groß.**

Wissenswertes

Die vorgestellten Tiere in diesem Buch sind alle zur Jungfernzeugung (Pathenogenese) fähig, das heißt, dass die Weibchen auch ohne Verpaarung Eier legen können, aus denen dann Jungtiere schlüpfen.

Bei den Insekten besteht die äußere Hautschicht aus einem Chitinpanzer. Da dieser nicht mitwachsen kann, ist es nötig, dass sich die Tiere häuten, um zu wachsen. Die alte, abgestreifte Haut wird von vielen Tieren im Anschluss an die Häutung gefressen. Zur Häutung hängen sich die Tiere kopfüber an Blätter oder an die Terrariendecke und schlüpfen dann aus ihrer alten Haut. Sollte einmal eines der Tiere einen Fühler oder gar ein Bein verlieren, so ist es in der Lage, mit einigen Häutungen dieses Gliedmaß wieder nachwachsen zu lassen.

Da unsere Tiere überwiegend aus tropischen und subtropischen Gebieten stammen, ist eine künstliche Beleuchtung unumgänglich, wenn das Terrarium nicht genügend Tageslicht erhält. Hierfür sind besonders Leuchtstofflampen mit Röhren der Lichtfarbe Tageslicht sehr gut geeignet. Besonderes Augenmerk muss auch der Luftfeuchtigkeit gewidmet werden. Nur wenn diese sich innerhalb der angegebenen Werte befindet, ist es den Tieren möglich, sich einwandfrei zu häuten. Diese kann man am leichtesten erreichen, indem man mit einer Blumensprühflasche den Bodengrund und die Blätter besprüht. Auf diese Weise können die Tiere auch trinken. Der Körperbau der Tiere ist sehr unterschiedlich, wie man ja am Vergleich einer Stabheuschrecke mit einer Australischen Gespenstheuschrecke sehen kann. Ihrem Lebensraum entsprechend haben sich die Tiere weiterentwickelt und sich an die Futterpflanzen und an das Vorkommensgebiet optimal angepasst.

Größe und Alter

Wie bei anderen Tierarten auch gibt es unter den Insekten starke Größenunterschiede. Einige Arten der Stabheuschrecken können bis zu 50 cm lang werden. Wieder andere erreichen gerade mal eine Größe von wenigen Zentimetern. Insekten leben nicht besonders lange und werden im Durchschnitt nur ein Jahr alt. Bei guter Pflege kann man aber mit Nachwuchs rechnen und so die Terrarienpopulation aufrecht erhalten.

Anforderungen an den Pfleger

Eines vorweg: Es ist mit Sicherheit kein Schwieriges, solche Tiere zu halten und auch nachzuzüchten. Kinder und Jugendliche können eigenverantwortlich alle anfallenden Pflegearbeiten selbst durchführen. Da von diesen Tieren keinerlei Gefahr ausgeht, ist es gerade für Kinder ein Erlebnis, solche Tiere anzufassen. Es ist aber darauf zu achten, dass die kleinen Pfleglinge durch die Kinderhände keinen Schaden nehmen.

Für Insekten ist ein Terrarium vonnöten, das in der Höhe größere Ausmaße als in Länge und Breite aufweist. Besonders wichtig ist es auch, dass das Terrarium über eine große Lüftungsfläche verfügt, sodass sich keine Stauluft bilden kann.

Die Ernährung der Tiere gestaltet sich relativ leicht, solange man einen Platz mit Brombeeren oder Himbeeren im Wald weiß. Den Meisten ist nicht bekannt, dass Brombeeren winterhart sind und diese im Winter auch unter der Schneedecke ohne Schwierigkeiten zu finden sind. Es ist mir Sicherheit nicht immer angenehm, bei Minusgraden in den Wald zu gehen, um Brombeerblätter zu suchen. Wer es einfacher haben möchte, kann sich auch im Garten oder auf dem Südfenster einige Brombeerpflanzen in Blumentöpfe setzen, um dann bei Bedarf etwas zusätzliches Futter für die Tiere zu haben.

» Ist erst einmal das Interesse an diesen tollen Lebewesen geweckt, bleibt es meist nicht bei einem Insektarium.

Die abgeschnittenen Triebe werden dann in ein leeres Gurken- oder Marmeladenglas mit frischem Wasser gestellt. Nun muss nur noch die restliche Öffnung mit etwas Küchenrolle verschlossen werden, um zu verhindern, dass die Tiere ins Glas fallen und ertrinken. Wenn die Triebe abgefressen oder vertrocknet sind, werden sie gegen frische ausgetauscht. Bei guter Pflege werden die Tiere dann ihre Eier ablegen, aus denen nach einer Entwicklungszeit die Jungen schlüpfen.

GUT ZU WISSEN

- Bin ich in der Lage, die Futterpflanzen für meine Tiere das ganze Jahr über zu besorgen?
- Kann ich die Tiere auch anfassen? Denn dies ist nötig, wenn die Futterpflanzen erneuert werden.
- Das Terrarium muss höher als breit und lang sein und passt oftmals schlecht in ein Regal oder in eine Schrankwand.
- Ideale Tiere für das Kinderzimmerterrarium.
- Bei allen Terrarien für Insekten ist die Technik immer außerhalb zu installieren.

Annam-Stabheuschrecke

Medauroidea extradentatum

Herkunft: Aus Annam, einem Gebiet in Vietnam
Größe: Weibchen 10-11 cm, Männchen um 8 cm
Futter: Diese Tiere nehmen neben Brombeer- und Himbeerranken auch Eichenlaub und Johannisbeerblätter.
Lebensweise: Tagaktive Tiere, die fast immer im Terrarium zu sehen sind.
Haltung: Terrarium (40 x 40 cm bei einer Höhe von mind. 50 cm). Diese Terrariengröße genügt für bis zu zehn Tiere. Als Bodengrund lässt sich gut ein Sand-Blumenerde-Gemisch verwenden. Eine flache aufgestellte Korkröhre dient als Versteckmöglichkeit. Eine Wasserschüssel ist nicht notwendig. Eine Beleuchtung kann entfallen, wenn das Terrarium an einem hellen Ort steht.
Klima: Diese Art lässt sich ohne Weiteres auch bei Zimmertemperatur pflegen. Luftfeuchte um 65%.
Sonstiges: Die idealen Tiere für Anfänger und Kinder.

Phillippinen-Dornschrecke

Sungaya inexpectata

Herkunft: Wie der Name schon erahnen lässt, natürlich von den Phillippinen.

Größe: Weibchen bis zu 8 cm, Männchen sind von dieser Art nicht bekannt.

Futter: Die Tiere erhalten, wie die anderen Insekten auch, überwiegend Brombeerblätter.

Lebensweise: Am späten Nachmittag werden die Tiere munter und sind dann gut beim Fressen zu beobachten.

Haltung: Terrarium (40 x 40 cm bei einer Höhe von mind. 50 cm). Diese Terrariengröße genügt für bis zu acht Tiere. Als Bodengrund wird wieder ein Sand-Kokoserde-Gemisch verwendet. Diese Art bohrt zur Eiablage ihren Hinterleib in das Substrat, daher sollte der Bodengrund circa 5 cm hoch sein oder es wird eine Schale mit 5 cm hohem Torf angeboten. Auf eine Beleuchtung kann verzichtet werden, wenn das Terrarium sehr hell steht und Tageslicht erhält.

Klima: Diese Art ist gut bei Temperaturen um 22-25°C zu halten. Luftfeuchte um 65%.

Sonstiges: Tolle Tiere, die viel Freude machen. Leider oft schlecht erhältlich.

Australische Gespenstschrecke

Extatosoma tiaratum

Herkunft: Australien

Größe: Weibchen bis zu 13 cm, Männchen 10 cm. Männchen bekommen Flügel und können eine kurze Strecke im Flug zurücklegen.

Futter: Australische Gespenstschrecken sind mit Sicherheit keine Kostverächter und fressen sehr viel. Auch für sie sind die beste Nahrung Brombeer- und Himbeerblätter.

Lebensweise: In den Abendstunden werden sie munter und sind dann gut zu beobachten.

Haltung: Terrarium (50 cm x 50 cm und mind. 50 cm hoch) für sechs bis zehn Tiere. Ein Sand-Blumenerde-Gemisch dient auch hier als Bodensubstrat. Eine senkrecht aufgestellte Korkrinde wird gern als Versteckplatz genutzt. Das Terrarium sollte entweder sehr hell stehen oder künstlich beleuchtet werden.

Klima: Bei Temperaturen zwischen 22-24°C fühlen sich die Tiere pudelwohl. Die Luftfeuchtigkeit sollte 70% betragen.

Sonstiges: Diese Art ist recht leicht zu halten und wird auch oft im Handel angeboten. Zu beachten ist, dass die Tiere an den Hinterbeinen mit Dornen besetzt sind.

Borneo Dornschrecke
Areaton asperrimus

Herkunft: Aus großen Teilen Borneos
Größe: Weibchen bis 9 cm, Männchen nur 5 cm
Futter: Brombeere, Haselnuss, Eiche und Rose
Lebensweise: In den frühen Morgenstunden und am Abend werden diese Tiere aktiv.
Haltung: Terrarium (30 x 30 cm, mind. 40 cm hoch) für bis zu zehn Tiere. Der Bodengrund ist wie bei den anderen Tieren zu wählen. Auch sollte wieder eine Schale mit 5 cm hohem Substrat zur Eiablage angeboten werden. Senkrechte Korkröhren dienen auch bei diesen Tieren als Tagesversteck. Künstliche Beleuchtung ist erforderlich, wenn das Terrarium nicht an einem hellen Standort steht.
Klima: Borneo-Dornschrecken fühlen sich bei 24°C wohl, wenn die Luftfeuchtigkeit um die 70% beträgt.
Sonstiges: Eine kleine Art, die sehr gut für den Anfänger geeignet ist.

Dorngespenstschrecke
Eurycantha calcarata

Herkunft: Neuguinea
Größe: Weibchen bis zu 15 cm, Männchen werden circa 12 cm
Futter: Ihrer Größe entsprechend vertilgen diese Tiere eine ganze Menge an Brombeer- oder Himbeerblättern.
Lebensweise: Die Tiere verstecken sich tagsüber unter Korkrindenstücken, die man flach auf den Bodengrund legt. Erst wenn das Licht ausgeht, kommen sie hervor.
Haltung: Terrarium (50 x 50 cm und mind. 60 cm hoch) für drei bis fünf Tiere. Die Eier werden auch bei dieser Art in den Bodengrund abgelegt, weshalb dieser aus einer circa 5 cm hohen Schicht Sand-Kokoserde-Gemisch bestehen sollte. Das Terrarium wird am zweckmäßigsten mit einer Leuchtstofflampe oder Energiesparglühbirne erhellt.
Klima: Diese Tier lassen sich gut bei Zimmertemperatur halten und benötigen keine zusätzliche Wärmequelle. Wenn eine flache Wasserschüssel angeboten wird, aus der die Tiere gerne trinken, so genügt es, das Terrarium zweimal pro Woche zu besprühen.
Sonstiges: Die männlichen Tiere sind in der Lage, einen moschusartigen Geruch abzugeben, der an vermoderndes Holz erinnert. Weiterhin besitzen sie einen großen Dorn an den Hinterbeinen zur Verteidigung. Für kleinere Kinder nicht zum Anfassen geeignet.

Wandelndes Blatt

Phyllium celebicum

Herkunft: Malaysia, Thailand, Laos, Celebes und Seychellen
Größe: Weibchen circa 9 cm, Männchen nur um 6 cm
Futter: Als Futterpflanzen eignen sich auch bei dieser Art Brombeer- und Himbeerranken.
Lebensweise: Diese fantastischen Tiere kann man den ganzen Tag über beobachten.
Haltung: Terrarium (30 x 30 cm und 40 cm Höhe) ist für fünf Tiere ausreichend. Auch der Bodengrund wird – wie bereits beschrieben – in einer Höhe von mindestens 2 cm eingebracht. Versteckmöglichkeiten sind nicht nötig, da diese Tiere gern an den Blattunterseiten ruhen. Als Beleuchtung dient eine Leuchtstofflampe oder Energiesparglühbirne.
Klima: Wandelnde Blätter fühlen sich bei Temperaturen um 24°C und einer Luftfeuchtigkeit um 70% sehr wohl.
Sonstiges: Diese Tiere bestechen durch ihr tolles Aussehen und ein jeder, der einmal welche gesehen hat, wünscht sich auch, selbst welche zu pflegen.

Welches Terrarientier gibts noch?

» Toll eingerichtetes oben offenes Terrarium für Landeinsiedlerkrebse

Hier soll nur noch ein weiteres, sehr interessantes Terrarientier vorgestellt werden, das mit Sicherheit dem einen oder anderen bereits einmal im Urlaub begegnet ist.
Die Rede ist nämlich vom Landeinsiedlerkrebs, welchen man in den tropischen Gebieten fast überall am Strand antreffen kann. Diese Tierart ist leicht zu pflegen und begeistert in besonderer Weise die kleinen Terrarianer.

Die Tiere benötigen zu ihrem Wohlbefinden neben einer Schale mit Süßwasser auch noch eine Schale mit Meerwasser, das man mit Meersalz selbst herstellen kann. Ebenso müssen immer leere Schneckenhäuser angeboten werden, da diese beim Wachstum der Tiere gewechselt werden.
Ein Teil des Terrariums sollte mit einer milden Bodenheizung ausgestattet sein. Als Beleuchtung eignet sich wieder eine Leuchtstoffröhre oder Strahlerlampe.

Landeinsiedlerkrebs

Coenobita cavipes

Herkunft: Tropische Küstengebiete in Asien
Größe: bis zu 7 cm
Futter: Im Handel ist ein spezielles Futter für Landeinsiedlerkrebse erhältlich. Es werden aber auch Fischstücke, frisches Grünfutter und Obst gefressen.
Lebensweise: Den ganzen Tag über immer wieder einmal zu sehen, vergraben sich aber gelegentlich.
Haltung: Terrarium (50 x 30 x 30 cm) ist für drei Tiere ausreichend.
Als Bodengrund ist am besten feiner Sand geeignet, wobei in einer Ecke auch etwas Kies sein darf. Eine Wurzel als Versteck- und Klettermöglichkeit und die bereits erwähnten flachen Wasserschalen vervollständigen die Terrarieneinrichtung.
Klima: Temperaturen um 20-24°C bekommen den Tieren am besten. Die Luftfeuchtigkeit sollte allerdings mit circa 80% relativ hoch sein. Dies lässt sich am leichtesten durch eine feuchte Stelle im Sand erreichen.
Sonstiges: Diese Tiere sind bestens für ein Terrarium im Kinderzimmer geeignet.

Was es noch zu beachten gilt?

Die meisten Terrarientiere wie diese gerade schlüpfenden Kornnattern werden regelmäßig nachgezüchtet.

Sind Vorschriften zu beachten?

Bei der Haltung von Terrarientieren sind natürlich auch einige Gesetze zu beachten, die den Handel und den Besitz von geschützten Tierarten regeln. Es soll hier nur auf die in diesem Buch vorgestellten Tiere eingegangen werden. Für geschützte Tierarten ist ein Herkunftsnachweis erforderlich, der mit einem Personalausweis vergleichbar ist. In ihm muss das Tier beschrieben und die Herkunft angegeben sein. Diesen Nachweis stellt der Händler aus und man bekommt ihn beim Kauf eines geschützten Tiers mit.

Der Besitz eines solchen Tiers ist bei der zuständigen Behörde der Gemeinde anzuzeigen. In einigen Bundesländern ist es auch nur mit einer Genehmigung erlaubt, Gifttiere wie Vogelspinnen und Skorpione zu halten. Weitere Auflagen zur Haltungsgenehmigung können auch von den zuständigen Behörden der Gemeinden auferlegt werden. Man sollte sich also am besten vor dem Erwerb eines solchen Tiers bei der zuständigen Stelle melden und nachfragen, ob irgendwelche Formalitäten zu erfüllen sind.

Arten aus diesem Buch, die unter Artenschutz stehen oder einer Genehmigung bedürfen könnten:

- **Königspython** (*Python regius*)
- **Madagaskar-Taggecko** (*Phelsuma madagascariensis*)
- **Kraushaar-Vogelspinne** (*Brachypelma albopilosa*)
- **Chile-Vogelspinne** (*Gramostola rosea*)
- **Rotknie-Vogelspinne** (*Brachypelma smithi*)
- **Schwarzrote Vogelspinne** (*Brachypelma vagans*)
- **Orangebein-Vogelspinne** (*Brachypelma boehemei*)
- **Kaiserskorpion** (*Pandinus imperator*)

Woher bekomme ich die Tiere?

Jetzt haben wir uns lange genug damit beschäftigt, wie ein Terrarium aussehen soll und welche Tiere für wen infrage kommen. Bevor wir jedoch losziehen und uns nach dem gewünschten Tier umsehen, sollten wir erst überlegen, wo wir unseren Wunschbewohner erwerben. Viele Zoofachgeschäfte verfügen inzwischen über eine große Terraristikabteilung. In zahlreichen Terrarien sind dort die unterschiedlichsten Tiere zu bestaunen und zu kaufen.

Über das ganze Jahr verteilt finden in vielen großen Städten in ganz Deutschland sogenannte Reptilienbörsen und Insektenbörsen statt, auf welchen man die gesuchten Tiere finden wird und die Möglichkeit hat, diese dort zu erstehen. Sollte in der Nachbarschaft ein Züchter wohnen, der gerade die gewünschte Art hält und vermehrt, so ist dies natürlich auch eine gute Möglichkeit, an seinen zukünftigen Mitbewohner zu kommen.

Es lässt sich nun schwer sagen, ob es besser ist, sein Tier im Zoogeschäft, auf einer Börse oder beim Züchter zu erwerben. Wichtig ist nur, dass wir uns vor dem Kauf vom Verkäufer genau informieren lassen, woher die Tiere stammen. Denn alle für Anfänger in der Terraristik geeigneten Tiere werden in der Zwischenzeit nachgezüchtet und so ist es nicht nötig, auf Wildfangtiere zurückzugreifen. Auch sind eben gerade oftmals die Wildfänge mit Krankheiten behaftet, bei deren Behandlung dann der Terraristikeinsteiger überfordert ist. Nachzuchten sind meist frei von Krankheiten und Parasiten und gewöhnen sich rasch in das neue Zuhause ein. Trotzdem sollte man sich das Tier genau ansehen und auch einige Zeit beobachten, nur so kann man erkennen, ob das Tier gesund ist. Der regenerierte Schwanz bei einer Echse oder eine verheilte Narbe sind Schönheitsfehler und kein Grund, das Tier nicht zu erwerben.

CHECKLISTE ANSCHAFFUNG

- Es ist immer besser, Nachzuchten zu erwerben.
- Kann mich der Verkäufer über die Herkunft und Haltungsbedingungen des Tiers beraten?
- Milben lassen sich meist leicht bekämpfen.
- Alte Häutungsreste verschwinden bei der nächsten Häutung.
- Keine Tiere mit verklebten Augen oder verklebter Kloake erwerben.
- Ist zäher Schleim im Mund zu sehen, so kaufen wir das Tier nicht.
- Ist das Tier lebhaft und bewegt sich, wenn es aus dem Terrarium genommen wird?
- Bewegt sich das Tier normal, ohne zu schaukeln oder zu lahmen?
- Kleine Schönheitsfehler machen nichts aus und das Tier wird zu etwas Besonderem.
- Kein Tier aus Mitleid kaufen, denn die Freude hält sonst nicht lange an.

» Endlich sind alle Babys geschlüpft.

Wie kommt das Tier zu mir?

Wenn das Terrarium schon einige Tage in Betrieb ist und alle wichtigen Faktoren wie Beheizung, Beleuchtung und Luftfeuchte auf richtige Funktion hin überprüft wurden, kann das Tier nach den oben aufgeführten Aspekten ausgewählt und gekauft werden. Nun muss es ja noch zu uns nach Hause in das neue Heim kommen. Der Verkäufer wird das Tier in ein entsprechendes Gefäß oder in ein Leinensäckchen verpacken. Man bekommt gegebenenfalls die nötigen Papiere ausgestellt und möchte sich nun auf den Heimweg machen.
Da aber unsere Pflegetiere alle aus den tropischen Gebieten stammen, muss der Transportbehälter der Tiere noch zusätzlich vor Kälte und übermäßiger Wärme sowie vor Zugluft geschützt werden. Hierzu verwendet man am zweckmäßigsten eine Styroporbox in entsprechender Größe. Sollte der Transport längere Zeit in Anspruch nehmen, so kann man eine Wärmflasche mit lauwarmem Wasser oder einen Handwärmer mit in die Kiste geben. So verpackt sollten die Tiere gut zu uns in ihr neues Zuhause kommen.

Schlangen wie dieser *Python regius* werden am besten in Leinensäckchen transportiert. So kommen sie gut und sicher bei uns zu Hause an.

Ernährung – wie und was?

Bevor die Tiere Einzug erhalten, muss die Frage der Ernährung und Nahrungsbeschaffung bereits geklärt sein. Wir wissen ja, was unsere Tiere so an Nahrung zu sich nehmen. Nur woher bekommen wir diese, wann, wie oft und vor allem wie viel füttern wir unsere Lieblinge?

Grünfutter

Löwenzahn, Wildkräuter, Brombeer- und Himbeerranken lassen sich problemlos an von der Straße entfernten Stellen und am Waldrand sammeln. Salate, Obst und Gemüse kann entweder selbst im Garten angepflanzt werden oder man ersteht es in einem der Obst- und Gemüseläden um die Ecke. Stets ist darauf zu achten, dass alles Grünfutter frei von Schädlingsbekämpfungsmitteln und Konservierungsstoffen ist.

» **Winterharte Brombeeren findet man auch in der kalten Jahreszeit unter dem Schnee.**

» Frischer Fisch lässt sich leicht einfrieren, so hat man immer Futter für seine Strumpfbandnattern.

Frischfleisch

An Fische zu kommen ist meist recht leicht, wohnt doch bestimmt irgendwo in der Nachbarschaft der eine oder andere Angler, von dem man immer mal wieder kleine Fische oder Fischstücke erhalten kann. Mäuse und Ratten kann man lebend in vielen Zoogeschäften als Futtertiere erstehen, diese sind dann meist weiß und um einiges günstiger als ihre farbigen Verwandten. Wie bereits mehrfach erwähnt, nehmen die hier vorgestellten Schlangen auch problemlos eingefrorene und wieder aufgetaute (Tiere müssen vollständig aufgetaut sein und Zimmertemperatur haben) Beutetiere an. Dieses sogenannte Frostfutter ist in bereits tiefgekühlter Form im Zoogeschäft zu erwerben. Auch im Internet gibt es Firmen, die Frostfutter versenden, allerdings erst ab einer gewissen Menge.

» Gut gefüllte Dose mit Heimchen. Werden nicht alle Futterinsekten sofort verfüttert, so sollte man diese mit Karotten, Apfel oder Salat füttern.

Futterinsekten

Futterinsekten kauft man am einfachsten im Zooladen. Die wichtigsten wie Heuschrecken, Grillen, Heimchen, *Zophobas* und Mehlwürmer werden normalerweise immer vorrätig sein. Manche Händler geben auch einen Rabatt, wenn man alle Wochen die gleiche Menge an Futtertieren abnimmt. Im Sommer lassen sich aber auch leicht einige Heuhüpfer und Grillen auf der Wiese fangen. Dieses sogenannte Wiesenplankton ist ein sehr gutes Futter für unsere insektenfressenden Tiere, sind die gefangenen Futtertiere ja noch mit den unterschiedlichsten Pollen und Blüten behaftet.

Sonstiges

Nun haben wir fast alle Futtersorten durch, bis auf das bereits erwähnte Fertigfutter für Einsiedlerkrebse. Dieses ist in Dosen, ähnlich einem Hunde- und Katzenfutter, erhältlich. Eine geöffnete Dose hält mehrere Tage, wenn sie mit einem Deckel oder Alufolie verschlossen wird. Einsiedlertrockenfutter ist in Dosen zu bekommen und vor dem Verfüttern in etwas Wasser einzuweichen.

Futterzusätze

Um Mangelerscheinungen vorzubeugen, müssen unsere Echsen einmal wöchentlich zusätzlich ein Mineral-Vitamingemisch bekommen. Hier hält der Handel eine breite Palette an geeigneten Produkten bereit. Wir verwenden Korvimin ZVT-Reptil, das über einen Tierarzt zu beziehen ist. Da dieses in Pulverform ist, lassen sich die Futterinsekten leicht damit einstäuben. Auch über Salat oder Obst kann man es einfach verteilen. Weiterhin erhalten die Tiere etwas zerkleinerte Sepiaschale, um ihren Kalk- und Calcium- Bedarf zu decken.

Wann füttern wir?

Wir wissen ja bereits, ob es sich um tag-, dämmerungs- oder nachtaktive Tiere handelt. Dementsprechend wird auch das Futter angeboten. Selbst nachtaktive Tiere werden sich rasch sehen lassen und zu fressen beginnen, wenn wir ihnen das Futter kurz vor dem Ausschalten der Beleuchtung anbieten. Tagaktive Tiere erhalten ihre Nahrung am besten morgens oder in den Nachmittagsstunden.

Es ist schon beachtlich, was für große Beutetiere eine so kleine Schlange verschlingen kann. »

Wie oft und wie viel müssen wir füttern?

Eines muss ich vorwegnehmen: Lieber zu wenig als zu viel füttern! Auch wenn es noch so toll ist, die Tiere bei der Nahrungsaufnahme zu beobachten. Die richtige Futtermenge zu finden ist nicht leicht und so erhalten Schlangen pro Fütterung ein oder zwei Beutetiere. Echsen sollten pro Fütterung der Größe der Futtertiere entsprechend zwei bis sechs Futtertiere fressen. Spinnen bekommen immer ein Futtertier.

ERFOLGSTIPP-ERNÄHRUNG

Aber nun einige persönliche Ratschläge zum Fütterungsintervall:

- Jungschlangen alle sieben Tage
- Schlangen, die älter als 16 Monate sind, bekommen alle 14 Tage Futter.
- Echsen erhalten dreimal pro Woche Futter.
- Spinnentiere bekommen zweimal pro Woche ein Futtertier in entsprechender Größe.
- Unsere Brombeer- oder Himbeerranken erneuern wir, wenn es nötig ist.
- Unsere Einsiedlerkrebse bekommen alle zwei Tage frisches Futter.

Eine richtig ernährte Schlange wird seinem Besitzer durch Vitalität und Aktivität stets Freude bereiten, wie diese rote Regenbogenboa (*Epicrates cenchria cenchria*).

REGELN ZUR FÜTTERUNG

- Die meisten Futtertiere lassen sich leicht beschaffen.
- Bei Grünfutter auf Frische und ökologischen Anbau achten.
- Gefrostete Mäuse und Ratten will nicht jede Frau oder Mutter im Gefrierschrank neben dem Schnitzel haben.
- Gefrostete Futtertiere erst verfüttern, wenn diese vollständig aufgetaut sind.
- Lieber etwas zu wenig als zu viel füttern.
- Wenn sich ein Tier in der Häutung befindet, wird es meist kein Futter annehmen.
- Kleine Fütterungspausen schaden dem Tier nicht.
- Eine Regelmäßigkeit ist wichtig.
- Ein Ernährungstagebuch führen, so weiß man immer genau, wann das Tier gefressen hat oder etwas bekommen sollte.

Welche Pflege ist nötig?

» Das Säubern des Terrariums sowie der tägliche Wasserwechsel können auch problemlos von Kindern ausgeführt werden. Um Kot und Urin zu entfernen, verwendet man am besten eine kleine Sandkastenschaufel.

Tägliche Pflege

Wenn sich nun die Tiere im Terrarium befinden und auch schon das erste Mal gefüttert wurden, beginnen auch die Pflegearbeiten. Nur wenn wir unser Tier auch richtig versorgen, wird es gesund bleiben und uns eine Menge Freude bereiten.

Doch keine Angst, das Ganze wird nicht in Arbeit ausarten, einige Minuten täglich genügen. So muss der Kot oder Urin der Tiere entfernt werden, sobald wir ihn sehen. Die Wasserschale ist täglich oder spätestens jeden zweiten Tag mit frischem Wasser aufzufüllen. Bei Bedarf sind die Sichtscheiben von Kalk und Verunreinigungen zu säubern (bei Vogelspinnen nicht). Die Futterreste des Vortags (altes Grünfutter und nicht gefressene Futtertiere) sind zu entfernen. Zur täglichen Pflege gehört auch die Beobachtung der Tiere. Verhalten sie sich normal oder kommt eines in die Häutung? Es ist sehr sinnvoll, sich alle Daten über Fütterung, Häutung, Klima und Besonderheiten genau zu notieren. Nur so hat man eine Übersicht und kann auch reagieren, sollte einmal etwas nicht stimmen. Die technischen Geräte sind täglich auf Funktion zu prüfen und die Klimadaten müssen kontrolliert werden.

» Unsere Urlaubsvertretung muss genau über die Pflegeansprüche und Eigenheiten der Tiere Bescheid wissen. Idealerweise wird eine Art Pflegeplan in Zusammenarbeit mit dem Terrariensitter erstellt. Im Bild *Lampropeltis triangulum sinaloe*

Urlaubspflege

Mit der Pflege eines Terrarientiers hat man eine wichtige Aufgabe zum Wohlbefinden des Tiers übernommen. Wir können aber unser Terrarium nicht einfach mit in den Urlaub nehmen. Terrarientiere sind ja sehr genügsame Mitbewohner, so ist es gar kein Problem, wenn wir mal zwei Wochen in den Urlaub fahren. Allerdings benötigen wir zur Betreuung eine Urlaubsvertretung. Wenn wir unsere Tiere kurz vor dem Urlaub nochmals gut füttern, so können sie durchaus auch zwei Wochen ohne Futter auskommen. Die Urlaubsvertretung muss sich dann lediglich um das Klima kümmern, das heißt, Temperatur und Luftfeuchte kontrollieren und gegebenenfalls sprühen. Falls doch einmal ein Notfall eintreten sollte oder ein technisches Gerät ausfällt, ist eine Notfalladresse zu hinterlassen.

NICHT VERGESSEN!

- Scheiben bei Bedarf reinigen (keine scharfen Reinigungsmittel).
- Kot und Urin entfernen.
- Wasser täglich erneuern.
- Altes Grünfutter und übrige Futtertiere entfernen.
- Die Urlaubsvertretung rechtzeitig anlernen.
- Notfalladresse hinterlassen (Zoogeschäft oder bekannter Reptilienpfleger).

Allein oder doch lieber zu zweit?

Das ist natürlich eine berechtigte Frage. Wir Menschen fühlen uns allein auf Dauer nicht wohl. Bei unseren Terrarientieren ist dies etwas anderes. Viele Arten sind gerade in der Natur richtige Einzelgänger.

Wenn überhaupt, dann sollten nur Tiere der gleichen Art gemeinsam in einem Terrarium gepflegt werden, haben sie doch alle unterschiedliche Klimaansprüche.

» Eine Vergesellschaftung von unterschiedlichen Insektenarten wie hier Phillippinische Dornschrecken und Australische Gespenstschrecken gelingt ohne Probleme.

» Eine Gruppe von drei Königspythons im Terrarium

Vorsicht ist bei der Gemeinschaftshaltung von Echsen geboten, hier vertragen sich keine zwei Männchen in einem Terrarium. Ein Männchen mit mehreren Weibchen geht meistens gut.

Bei Schlangen spielt das keine so große Rolle und man kann ohne Schwierigkeiten zwei Tiere, auch gleichen Geschlechts, in einem Terrarium pflegen. Spinnen sind Einzelgänger und ernähren sich ja von Insekten. Versucht man mehrere Spinnen in einem Terrarium zu halten, so wird es unumgänglich dazu kommen, dass eines der Tiere zum Futter des anderen wird. Wie ja bereits erwähnt, lassen sich alle vorgestellten Insektenarten problemlos in Gruppen halten. Auch die Einsiedlerkrebse fühlen sich mit bis zu drei Tieren in einem Terrarium wohl.

Was ist bei Krankheit zu tun?

Der aufmerksame Terrarianer wird schnell merken, wenn sich sein Tier nicht mehr so verhält wie sonst. Eine Verhaltensänderung ist oft ein Anzeichen einer Krankheit. In diesem Falle sollten wir immer einen reptilienkundigen Tierarzt aufsuchen. Manche kleineren Verletzungen oder ein Stückchen der alten Haut, die bei der Häutung hängengeblieben ist, kann man leicht auch selbst behandeln. Ebenso den Befall mit Milben .

Milben sind kleine weißliche, rötliche oder schwarze Tiere, die auf den Terrarientieren Blut schmarotzen. Wenn dies unbehandelt bleibt, werden sich diese so stark vermehren, dass es zum Tod des Tiers führen kann. Milben bekämpft man bei Echsen und Schlangen am leichtesten mit einem Insektenstrip (z.B. von Bayer), der im Terrarium angebracht wird.

» **Bei artgerechter Pflege und Ernährung, werden sich unsere Tiere stets bester Gesundheit erfreuen, wie dieses ungewöhnlich gefärbte Wandelnde Blatt (Phyllium celebicum).**

Solange es sich nur um einen kleinen Riss in der Haut handelt, ist dies nicht allzu gefährlich für das Tier. Wichtig ist jetzt nur, dass es Ruhe bekommt und so wenig wie möglich im Terrarium gestört wird. Bereits kurze Zeit später wird es sich häuten und von der Verletzung ist nichts mehr zu sehen. Häutungsreste kann man gut mit feuchten lauwarmen Handtüchern oder Waschlappen einweichen. Danach lassen sich diese leicht entfernen. Die Klimaparameter müssen auf alle Fälle überprüft werden, denn meist ist eine schlechte Häutung ein Anzeichen für eine zu niedrige Luftfeuchtigkeit. Um dies in Zukunft zu vermeiden, ist die Luftfeuchtigkeit durch Sprühen leicht zu erhöhen, wenn sich das Tier in der Häutung befindet.

PFLEGE-FIBEL

- Alte Haut kann eingeweicht und dann entfernt werden.
- Kleine Verletzungen verheilen meist von selbst.
- Milben lassen sich mit Insektenstrips bei Schlangen und Echsen bekämpfen.
- Keine Insektenstrips bei Spinnen und Insekten.
- Im Zweifelsfall immer einen Tierarzt aufsuchen.

» Gesunde und muntere Geckos werden stets versuchen, zu flüchten, wenn man probiert, sie zu greifen.

Schlusswort

Jetzt können wir endlich vor unserem Terrarium sitzen und die neuen Mitbewohner bestaunen. Bestimmt haben wir auch schon die einen oder anderen Eigenheiten unserer Pfleglinge feststellen können.

Wie auf den vorherigen Seiten zu lesen war, ist es mit Sicherheit keine große Kunst, ein Terrarium einzurichten und auf Dauer zu pflegen, sodass es den Tieren an nichts mangelt.

Nun wird man lange Freude am Beobachten der Reptilien und Wirbellosen haben und kann dem interessierten Freund oder Nachbarn zu diesem tollen Hobby raten.

Bei vielen der Terrarianer, die nur mit einem Terrarium begonnen haben, stehen jetzt eine Vielzahl von Terrarien mit den unterschiedlichsten Bewohnern. Im Laufe der Jahre, durch ihre Beobachtungen und ihre Erfahrung sind aus ihnen wahre Spezialisten in der Haltung von Terrarientieren geworden.

Es ist auch immer sehr lehrreich mit so einem „Alten Hasen" einmal über die Terraristik zu diskutieren.

Ich hoffe mit diesem Buch gerade den Anfängern, Kindern und Jugendlichen, die an der Pflege von Terrarientieren interessiert sind, eine Hilfestellung bei der Auswahl, Einrichtung, Tierwahl und Pflege gegeben zu haben.

Bedanken möchte ich mich noch bei den Betreibern des Zoohaus Stilp in Weiden, die es mir ermöglichten, die unterschiedlichen technischen Geräte und Einrichtungsgegenstände zu fotografieren.

Besonderer Dank gilt meiner Frau Alexandra und meinen beiden Kindern Christopher und Kathrin, die stets bereit waren, mich zu unterstützen und mir die nötige Freizeit gegeben haben, unsere Tiere über Jahre hinweg zu pflegen und so den Grundstein zu diesem Buch mit gelegt haben.

Literatur und Adressen

Literatur

THISSEN R. & HANSEN H., Königsnattern
STADLER G., Vogelspinnen
HACKBARTH R., Krankheiten der Reptilien
KIRSCHNER A. & SEUFER H., Der Königspython
JES H., Echsen als Terrarientiere
MARA W.P., Strumpfbandnattern
KELLER G. & SCHNEIDER E.G., Leopardgeckos
BARTS M., Dickfingergeckos
HESELHAUS R., Taggeckos

Weiterhin ist eine Vielzahl von Fachbüchern, auch zu einzelnen Arten erhältlich.

Adressen

Deutsche Gesellschaft für Herpetologie
und Terrarienkunde e.V. (DGHT)
Postfach 1421
53351 Rheinbach
www.dght.de

Ortsansässige Terrarienvereine oder Ortsgruppen der DGHT. Diese sind meist bei der Gemeinde oder im Internet leicht zu finden.

Es gibt auch zahlreiche Internetseiten, die sich mit Reptilien befassen. Leider sind nicht immer alle inhaltlich korrekt und daher auch als Wissensquelle gerade für Einsteiger in dieses Hobby nur bedingt geeignet.

(Hinweis: Der bede-Verlag ist nicht für den Inhalt von Links verantwortlich.)

Bildnachweis
Alle Bilder dieses Buches vom Autor Werner Preißer, außer anders angegeben.

Christine Steimer: Umschlag Innenseite, 52 unten, 55;
Dr. Jürgen Schmidt: Seite 25 unten links und rechts, 30 oben rechts, 62/63 unten.
bede-Verlag: Cover Schlange links und Terrarium rechts, Vogelspinne oben links und Phasmide unten rechts; Seite 2 oben rechts uns oben links, 3 oben rechts und unten links, 24 oben links, 31 oben links und rechts, 37 oben rechts, 43 rechts, 45 rechts, 52 oben rechts und mitte rechts, 55 rechts, 62 links und rechts, 63 links und rechts und Seite 64;